SE 07

Curso

MAD360

*La diferencia entre aprobar
y sacar plaza*

Cuerpo de Técnicos Auxiliares, opción Cuidados Auxiliares de Enfermería

ADMINISTRACIÓN REGIONAL DE MURCIA

Si aún no dispones de tu **Curso MAD360**, te ofrecemos un acceso GRATIS de 30 días para que disfrutes de los siguientes recursos:

- Técnicas de Memoria 360.
- MADTEST: Test *online* Nivel PRO.
- Temario en formato digital.
- Vídeos.
- Esquemas.
- Planificación de estudio.
- Foro entre opositores hasta la fecha del examen.*
- Recursos y novedades exclusivas.
- Consúltanos sobre tu oposición y proceso selectivo.
- Actualizaciones legislativas (Boletines Oficiales) hasta 60 días antes de la fecha del examen.*

AF212338

Para acceder a esta prueba del Curso MAD360** será necesaria la compra de todos los libros para esta especialidad de la edición 2025.

Regístrate en **mad.es/iniciar-sesion** y en la pestaña MIS CURSOS valida los códigos que encuentras en la última página de tus libros.

NOTA IMPORTANTE:

* Examen de esta categoría profesional correspondiente a la convocatoria publicada en el BORM n.º 266, de 17 de noviembre de 2025, o hasta el 31 de diciembre de 2026, lo que se cumpla antes, y previa renovación del servicio.

** El acceso al CURSO MAD360 estará disponible desde diciembre de 2025 (algunos recursos podrían estar disponibles en fecha posterior). Tendrá una duración de 30 días RENOVABLES mediante pago, desde la validación de códigos, o hasta el 30 de junio de 2027, lo que se cumpla antes.

MAD se reserva el derecho a ampliar dichas fechas.

Cuerpo de Técnicos Auxiliares, opción Cuidados Auxiliares de Enfermería de la Administración Regional de Murcia

Diciembre, 2025

Cuerpo de Técnicos Auxiliares, opción Cuidados Auxiliares de Enfermería de la Administración Regional de Murcia

Test del temario

Autores

LIDIA PONCE MARTÍNEZ
Licenciada en Psicología

MIGUEL ÁNGEL NAVAS DUEÑAS
Profesor de Informática de Ciclos Formativos
de Grado Medio y Bachillerato

HERMINIA ANDRADES ROMERO
Diplomada en Fisioterapia

M.ª DEL CARMEN SILVA GARCÍA
Diplomada Universitaria en Enfermería

M.ª JOSÉ GARCÍA BERMEJO
Licenciada en Biología

SALVADOR MARTÍNEZ FLORES
Diplomado Universitario en Enfermería

JOSÉ MANUEL GONZÁLEZ RABANAL
Licenciado en Derecho

© 7 Editores Recursos para la Cualificación Profesional y el Empleo, S.L. (7 Editores)
© Los autores
Primera edición, diciembre 2025 (206 páginas)
Derechos de edición reservados a favor de 7 Editores
IMPRESO EN ESPAÑA
Diseño Portada: 7 Editores
Edita: 7 Editores
Avda. San Francisco Javier, 9 · Edificio Sevilla 2 · Planta 11 · Módulos 25-27 · 41018 Sevilla
Teléfono: 954 784 411 · WEB: www.mad.es · e-mail: administracion@7editores.com
ISBN: 979-13-702-8315-5
© "Editorial Mad" y "Eduforma" son nombres comerciales registrados de
7 Editores Recursos para la Cualificación Profesional y el Empleo, S.L.

Índice

MATERIAS COMUNES

MATERIAS ESPECÍFICAS

TEST
MATERIAS COMUNES

TEST N.º 1

La Constitución Española de 1978: estructura y contenido. Derechos y deberes fundamentales: garantía y suspensión. Instituciones básicas del Estado. Estatuto de Autonomía de la Región de Murcia: estructuración y contenido

1. La Constitución está estructurada en:

a) 1 Título Preliminar más 11 Títulos.
b) 1 Título Preliminar más 10 Títulos.
c) 1 Título Preliminar más 12 Títulos.
d) 10 Títulos incluido el Preliminar.

2. En la parte dogmática de la Constitución se contiene:

a) El funcionamiento de los órganos e instituciones del Estado.
b) Los procedimientos de reforma de la Constitución.
c) Una declaración de los derechos y deberes de los ciudadanos.
d) Las competencias del Estado y de las Comunidades Autónomas.

3. La Constitución Española de 1978 se compone de:

a) 189 artículos.
b) 159 artículos.
c) 169 artículos.
d) 179 artículos.

4. La Constitución Española de 1978 es:

a) Flexible.
b) Rígida.
c) Pétrea.
d) Corta.

5. El Poder Judicial se encuentra regulado por:

a) El Título IV de la Constitución.
b) El Título VI de la Constitución.
c) El Título V de la Constitución.
d) La Ley Orgánica del Tribunal Constitucional.

6. "Economía y Hacienda" se halla regulada dentro de la Constitución en el Título:

a) V.
b) VI.
c) VII.
d) Ninguna es correcta.

7. Según nuestra Carta Magna, España se constituye en:

a) Un Estado parlamentario.
b) Un Estado social y democrático de derecho.
c) Un Estado monárquico de derecho.
d) Un Estado federal y democrático de derecho.

8. La soberanía nacional reside en:

a) Las Cortes Generales.
b) El Gobierno de la Nación.
c) Los Tribunales de Justicia.
d) El pueblo español.

9. En lo que a las lenguas se refiere, según la Constitución:

a) Sólo el castellano es la lengua oficial.
b) El castellano es la oficial en todo el territorio español y también la lengua de cada Comunidad Autónoma donde exista, de acuerdo con sus Estatutos.
c) Sólo la lengua propia es la oficial en la Comunidad Autónoma de acuerdo con sus Estatutos.
d) El español y la lengua propia son cooficiales en las Comunidades Autónomas, de acuerdo con los Estatutos de Autonomía.

10. ¿Quiénes expresan el pluralismo político?

a) Los sindicatos y los partidos políticos.
b) Los sindicatos y las organizaciones empresariales.
c) Los partidos políticos.
d) Los partidos políticos, los sindicatos y las organizaciones empresariales.

11. Según la Constitución, las Leyes:

a) Siempre serán retroactivas frente a las disposiciones sancionadoras no favorables o restrictivas de los Derechos Fundamentales.
b) Siempre tendrán carácter retroactivo.
c) Nunca serán retroactivas.
d) Nunca serán retroactivas frente a las disposiciones sancionadoras no favorables o restrictivas de los Derechos Fundamentales.

12. Según la Constitución, en los edificios públicos y actos oficiales de las Comunidades Autónomas:

a) La bandera de España deberá utilizarse sola.
b) Deberá utilizarse sólo la bandera de la Comunidad Autónoma.
c) Podrá usarse la bandera de España o la de la Comunidad Autónoma indistintamente.
d) Deberá usarse la bandera de España junto con la de la Comunidad Autónoma.

13. La Monarquía Parlamentaria es:

a) La forma de Gobierno del Estado español.
b) La forma política del Estado español.
c) El régimen político del Estado español.
d) El sistema de Gobierno del Estado español.

14. La Constitución Española se fundamenta en:

a) La soberanía nacional.
b) El pueblo español.
c) La Monarquía Parlamentaria.
d) La indisoluble unidad de la Nación española.

15. La Constitución Española propugna como valores superiores del ordenamiento jurídico español:

a) La libertad, igualdad y propiedad.
b) La justicia, la libertad, el pluralismo político y el trabajo.
c) La libertad, la igualdad, la justicia y el pluralismo político.
d) La libertad, la igualdad y el derecho a la educación.

16. ¿Cuál de los siguientes principios no está reconocido en la Constitución?

a) Jerarquía normativa.
b) Responsabilidad de los poderes públicos.
c) Retroactividad de las disposiciones sancionadoras.
d) Publicidad de las normas.

17. La Constitución garantiza el derecho a la autonomía de:

a) Países, nacionalidades y regiones.
b) Naciones y países.
c) Nacionalidades y regiones.
d) Regiones y provincias.

18. La nacionalidad española se adquiere, se conserva y se pierde:

a) Según lo que establezca el Ministerio de Justicia.
b) Según lo que establezca el Ministerio del Interior.
c) Según lo que establezca el Presidente del Gobierno.
d) Según lo que establezca la Ley.

19. Según la Constitución, las asociaciones sólo podrán ser disueltas o suspendidas en sus actividades:

a) En virtud de resolución judicial no motivada.
b) En virtud de resolución judicial motivada.
c) Por decisión del Tribunal Constitucional.
d) Por decisión del Ministerio de Justicia e Interior.

20. La extradición, aunque exista tratado, no se concederá:

a) Por delitos fiscales.
b) Por delitos sociales.
c) Por delitos comunes.
d) Por delitos políticos.

En MADTEST tienes **más preguntas de este tema**, y todos tus avances quedan registrados y se reflejan en el ranking.

¡Supera tus límites con MADTEST!

Solución al test n.º 1

1. b) 1 Título preliminar más 10 Títulos.

2. c) Los derechos y deberes de los ciudadanos.

3. c) 169 artículos.

4. b) Rígida.

5. b) El Título VI de la Constitución.

6. c) VII.

7. b) Un Estado social y democrático de derecho.

8. d) El pueblo español.

9. b) El castellano es la oficial en todo el territorio español y también la lengua de cada Comunidad Autónoma donde exista, de acuerdo con sus Estatutos.

10. c) Los partidos políticos.

11. d) Nunca serán retroactivas frente a las disposiciones sancionadoras no favorables o restrictivas de los Derechos Fundamentales.

12. d) Deberá usarse la bandera de España junto con la de la Comunidad Autónoma.

13. b) La forma política del Estado español.

14. d) La indisoluble unidad de la nación española.

15. c) La libertad, la igualdad, la justicia y el pluralismo político.

16. c) Retroactividad de las disposiciones sancionadoras.

17. c) Nacionalidades y regiones.

18. d) Según lo que establezca la Ley.

19. b) En virtud de resolución judicial motivada.

20. d) Por delitos políticos.

TEST N.º 2

La Administración Pública de la Comunidad Autónoma de Murcia: organización y régimen jurídico

1. ¿Qué ley regula la organización y el funcionamiento de la Administración Pública de la Comunidad Autónoma de la Región de Murcia?

a) La Ley 12/2012, de 24 de mayo.
b) La Ley 18/2015, de 4 de julio.
c) La Ley 7/2004, de 28 de diciembre.
d) La Ley 40/2016, de 1 de octubre.

2. ¿Cuáles son los elementos organizativos básicos de las estructuras orgánicas administrativas?

a) Las unidades administrativas.
b) Las jefaturas administrativas.
c) Los departamentos administrativos.
d) Las áreas administrativas.

3. Señala cuál de los siguientes NO es un órgano superior de la Administración General:

a) Los Consejeros.
b) El Consejo de Gobierno.
c) El Vicepresidente de la Comunidad Autónoma.
d) Los Secretarios Generales.

4. ¿Cómo se denominan los encargados del desarrollo y ejecución de los planes de acción determinados por los órganos superiores?

a) Órganos intermedios.
b) Órganos directivos.
c) Órganos ejecutivos.
d) Órganos generales.

5. Señala cuál de los siguientes NO es un órgano directivo de la Administración General:

a) Los Secretarios Autonómicos.
b) Los Consejeros.
c) Los Directores Generales.
d) Los Vicesecretarios.

6. ¿De qué tratamiento gozan los Secretarios Autonómicos?

a) Muy Honorable.
b) Honorable.
c) Ilustrísimo.
d) Excelentísimo.

7. ¿Y los directores Generales?

a) Muy Honorable.
b) Honorable.
c) Ilustrísimo.
d) Excelentísimo.

8. ¿Cómo son nombrados los Secretarios Generales?

a) Por Decreto del Presidente de la Comunidad.
b) Por Decreto del Consejero respectivo.
c) Por Decreto del Consejo de Gobierno.
d) Ninguna respuesta es correcta.

9. Los Vicesecretarios, los Subdirectores Generales y asimilados, son nombrados, atendiendo a criterios de:

a) Oportunidad y legalidad.
b) Eficacia y eficiencia.
c) Necesidad y oportunidad.
d) Competencia profesional.

10. ¿Qué Decreto del Presidente organiza las Consejerías de la Administración Regional de Murcia?

a) El Decreto del Presidente nº 19/2024, de 15 de julio.
b) El Decreto del Presidente nº 14/2024, de 23 de abril.
c) El Decreto del Presidente nº 22/2024, de 4 de junio.
d) El Decreto del Presidente nº 3/2024, de 12 de febrero.

11. ¿Quién presidirá el Consejo de Dirección en los supuestos de ausencia, enfermedad del Consejero, o por delegación de éste?

a) El Secretario General.
b) Uno de los Directores Generales.
c) El Vicesecretario.
d) El Presidente de la Región de Murcia.

12. ¿A quién corresponde el establecimiento o modificación, por decreto, de la estructura orgánica de cada Consejería y sus organismos públicos, de acuerdo con lo que disponga su ley de creación?

a) Al Consejero de Hacienda.
b) Al Presidente de la Región de Murcia.
c) Al Consejo de Gobierno.
d) A cada Consejero.

13. El establecimiento o modificación, por decreto, de la estructura orgánica de cada Consejería y sus organismos públicos, necesitará de un informe previo de:

a) El Consejo de Gobierno.
b) La Consejería de Hacienda.
c) El Presidente de la Región de Murcia.
d) Cada Consejero.

14. ¿Cómo se aprobará la creación, modificación o supresión de las unidades administrativas inferiores al nivel de sección?

a) Por orden del Presidente de la Región de Murcia.
b) Por orden del Consejo de Gobierno.
c) Por orden del Consejero de Hacienda.
d) Por orden de cada Consejería.

15. ¿Qué órganos, en caso de existir, coordinarán la actuación de las direcciones generales cuyas competencias se integren en su ámbito material de actividad?

a) Las subsecretarías.
b) Las secretarías autonómicas.
c) Las secretarías generales.
d) Todos los anteriores.

16. Señale la respuesta incorrecta:

a) La creación de todo órgano administrativo que suponga aumento del gasto público requerirá un estudio económico previo del coste de su funcionamiento y del rendimiento o utilidad de su servicio.

b) El Consejero es el órgano superior de la Consejería.

c) Los vicesecretarios dependen directamente de los Consejeros.

d) Los subdirectores generales y órganos asimilados dependen directamente de los directores generales o de los titulares de los órganos en que el decreto de órganos directivos prevea su existencia.

17. ¿Quién ejerce la superior autoridad sobre el personal de la Consejería?

a) El Consejero.

b) El Secretario General.

c) El Secretario Autonómico.

d) Cada Director General sobre su personal.

18. Señala cuál de las siguientes competencias de los Consejeros no tiene el carácter de delegable:

a) La representación de la Consejería.

b) La resolución de los recursos administrativos y reclamaciones que les correspondan.

c) La declaración de lesividad de los actos administrativos anulables, así como la revisión de oficio de los actos nulos, emanados de los órganos integrados en la Consejería.

d) La ejecución de los acuerdos del Consejo de Gobierno en el marco de sus competencias.

19. ¿Quién ostenta la representación de la Consejería, por delegación del Consejero?

a) El Vicesecretario.

b) El Director General.

c) El Secretario Autonómico.

d) El Secretario General.

20. ¿A quién le corresponde la resolución de los procedimientos de responsabilidad patrimonial en cada Consejería?

a) Al Consejero.

b) Al Secretario General.

c) Al Vicesecretario.

d) Al Director General.

En MADTEST tienes **más preguntas de este tema**, y todos tus avances quedan registrados y se reflejan en el ranking.

¡Supera tus límites con MADTEST!

Solución al test n.º 2

1. c) La Ley 7/2004, de 28 de diciembre.

2. a) Las unidades administrativas.

3. d) Los Secretarios Generales.

4. b) Órganos directivos.

5. b) Los Consejeros.

6. c) Ilustrísimo.

7. c) Ilustrísimo.

8. c) Por Decreto del Consejo de Gobierno.

9. d) Competencia profesional.

10. a) El Decreto del Presidente nº 19/2024, de 15 de julio.

11. a) El Secretario General.

12. c) Al Consejo de Gobierno.

13. b) La Consejería de Hacienda.

14. d) Por Orden de cada Consejería.

15. b) Las Secretarías Autonómicas.

16. c) Los Vicesecretarios dependen directamente de los Consejeros.

17. a) El Consejero.

18. c) La declaración de lesividad de los actos administrativos anulables, así como la revisión de oficio de los actos nulos, emanados de los órganos integrados en la Consejería.

19. d) El Secretario General.

20. a) Al Consejero.

TEST N.º 3

Ordenación de la Función Pública Regional. Principios informadores. Clases de personal: su régimen jurídico. Derechos y deberes: derechos de negociación colectiva y huelga. Régimen disciplinario. Régimen de incompatibilidades. Retribuciones. La responsabilidad de las Administraciones y de los funcionarios. La protección de datos de carácter personal y el secreto profesional

1. ¿De acuerdo con qué principio constitucional está diseñado todo el sistema de pruebas objetivas de selección existente en nuestra Administración?

a) Equidad.
b) Proporcionalidad.
c) Eficacia.
d) Mérito y capacidad.

2. ¿Qué norma aprueba el Texto refundido de la Ley de la Función Pública de la Región de Murcia?

a) El Real Decreto Legislativo 5/2015, de 31 de octubre.
b) El Decreto Legislativo 1/2001, de 26 enero.
c) La Ley 3/1986, de 12 de mayo.
d) La Ley 30/1984, de 2 de agosto.

3. El acceso a cuerpos o escalas del mismo Subgrupo profesional, se denomina:

a) Promoción interna horizontal.
b) Carrera vertical.
c) Carrera horizontal.
d) Promoción interna vertical.

4. ¿Qué titulación ha de poseer el personal funcionario al servicio de la Administración Regional perteneciente al Grupo B?

a) Título de Bachiller, Formación Profesional de Segundo Grado o equivalente.
b) Título de Graduado Escolar, Formación Profesional de Primer Grado o equivalente.
c) Título de Ingeniero Técnico, Diplomado Universitario, Arquitecto Técnico, Formación Profesional de Tercer Grado o equivalente.
d) Título de Doctor, Licenciado, Ingeniero, Arquitecto o equivalente.

5. A tenor del artículo 76 del Estatuto Básico del Empleado Público (EBEP), ¿qué titulación se exige para acceder al subgrupo C1?

a) Título de bachiller o técnico.
b) Título de graduado en educación secundaria obligatoria.
c) Título de Técnico Superior.
d) Título universitario de Grado.

6. ¿A qué grupo pertenece el Cuerpo de Matronas de Área de Salud, a tenor del Decreto Legislativo 1/2000, de 15 de diciembre?

a) Al Grupo A.
b) Al Grupo B.
c) Al Grupo C1.
d) Al Grupo C2.

7. ¿Cuál de los siguientes Cuerpos no pertenece al Grupo C, a tenor del Decreto Legislativo 1/2000, de 15 de diciembre?

a) El Cuerpo de Técnicos Especialistas.
b) El Cuerpo Administrativo.
c) El Cuerpo de Gestión Administrativa.
d) El Cuerpo de Agentes Medioambientales.

8. Sólo excepcionalmente, y por razones de urgencia podrá procederse a la convocatoria de pruebas selectivas mediante oferta pública adicional, previo informe de:

a) El Consejo de Gobierno.
b) El Consejero competente en materia de Hacienda.
c) El Consejo Regional de la Función Pública.
d) El Consejero competente en materia de Función Pública.

9. ¿A quién le corresponde la elaboración de las plantillas presupuestarias en función de la relación de puestos de trabajo y de acuerdo con las directrices de la política presupuestaria?

a) Al Presidente de la Región de Murcia.
b) Al Consejo de Gobierno.
c) Al Consejero competente en materia de Hacienda.
d) Al Consejero competente en materia de Función Pública.

10. ¿A qué Grupo pertenece el Cuerpo Técnico, a tenor del Decreto Legislativo 1/2000, de 15 de diciembre?

a) Al Grupo A.
b) Al Grupo B.
c) Al Grupo C.
d) Al Grupo D.

11. ¿Y el Cuerpo Técnico de Diplomados Titulares de Enfermería?

a) Al Grupo A.
b) Al Grupo B.
c) Al Grupo C.
d) Al Grupo D.

12. Una vez realizado el nombramiento del personal interino y tras la toma de posesión, se iniciará un periodo de prueba cuya duración máxima será:

a) Un año.
b) Nueve meses.
c) La misma que para los funcionarios.
d) La mitad de la establecida para el periodo de prácticas de los funcionarios.

13. ¿Cuándo se podrá extinguir la relación de servicio del personal interino?

a) Cuando el puesto sea provisto por funcionario.
b) Cuando desaparezca la urgencia o necesidad que determinó su nombramiento.
c) Por supresión del puesto de trabajo para el que fue nombrado.
d) Todas las respuestas son correctas.

14. ¿A quién le corresponde la aprobación de las relaciones de puestos de trabajo?

a) Al Presidente de la Región de Murcia.
b) Al Consejo de Gobierno.
c) Al Consejero competente en materia de Hacienda.
d) Al Consejero competente en materia de Función Pública.

15. ¿Cómo se denomina el personal que realiza funciones de confianza o asesoramiento especial?

a) Eventual.
b) Laboral.
c) Interino.
d) Funcionario.

16. El Texto Refundido de la Ley de la Función Pública de la Región de Murcia establece que el personal al servicio de la Función Pública será seleccionado según criterios de:

a) Equidad, legalidad, mérito y capacidad.
b) Legalidad, publicidad, mérito y capacidad.
c) Igualdad, publicidad, mérito y capacidad.
d) Igualdad, antigüedad, mérito y capacidad.

17. Una vez publicada la oferta de empleo, cuándo se procederá a convocar las pruebas selectivas de acceso para las plazas comprometidas en la oferta:

a) En los tres meses siguientes a la entrada en vigor de la Ley de Presupuestos Generales de la Comunidad Autónoma.
b) En los cinco meses siguientes a la entrada en vigor de la Ley de Presupuestos Generales de la Comunidad Autónoma.
c) En los seis meses siguientes a la entrada en vigor de la Ley de Presupuestos Generales de la Comunidad Autónoma.
d) En los nueve meses siguientes a la entrada en vigor de la Ley de Presupuestos Generales de la Comunidad Autónoma.

18. ¿A qué Grupo pertenece el Cuerpo de Agentes Forestales?

a) Al Grupo A.
b) Al Grupo B.
c) Al Grupo C.
d) Al Grupo D.

19. ¿Cuál de los siguientes no es uno de los tres sistemas de ingreso que determina el artículo 27.1 del TR de la Ley 3/86?

a) Concurso.
b) Libre designación.
c) Oposición.
d) Concurso-oposición.

20. Salvo cuando por la naturaleza de las funciones a desempeñar o el número de aspirantes u otras circunstancias resulte más adecuado, la selección del personal laboral permanente se realizará por convocatoria pública y mediante el sistema de:

a) Concurso.

b) Concurso-oposición.

c) Oposición.

d) Libre designación.

En MADTEST tienes **más preguntas de este tema**, y todos tus avances quedan registrados y se reflejan en el ranking.

¡Supera tus límites con MADTEST!

Solución al test n.º 3

1. d) Mérito y capacidad.

2. b) El Decreto Legislativo 1/2001, de 26 enero.

3. a) Promoción interna horizontal.

4. c) Título de Ingeniero Técnico, Diplomado Universitario, Arquitecto Técnico, Formación Profesional de Tercer Grado o equivalente.

5. a) Título de bachiller o técnico.

6. b) Al Grupo B.

7. c) El Cuerpo de Gestión Administrativa.

8. c) El Consejo Regional de la Función Pública.

9. c) Al Consejero competente en materia de Hacienda.

10. b) Al Grupo B.

11. b) Al Grupo B.

12. d) La mitad de la establecida para el periodo de prácticas de los funcionarios.

13. d) Todas las respuestas son correctas.

14. d) Al Consejero competente en materia de Función Pública.

15. a) Eventual.

16. c) Igualdad, publicidad, mérito y capacidad.

17. a) En los tres meses siguientes a la entrada en vigor de la Ley de Presupuestos Generales de la Comunidad Autónoma.

18. d) Al Grupo D.

19. b) Libre designación.

20. a) Concurso.

TEST N.º 4

El procedimiento administrativo común: concepto. Fases del procedimiento administrativo común. Audiencia al interesado. Cómputo de plazos. La revisión de los actos en vía administrativa. Los derechos de los ciudadanos

1. ¿Cómo se denominan los procedimientos que tienden a la realización material de una decisión anterior ya definitiva, como, por ejemplo, el procedimiento de apremio?

a) Procedimientos ejecutivos.
b) Procedimientos declarativos.
c) Procedimientos de simple gestión.
d) Procedimientos de materialización o sustanciación.

2. Señala cuál de los siguientes no es un trámite del procedimiento simplificado:

a) Alegaciones formuladas al inicio del procedimiento durante el plazo de cinco días.
b) Trámite de audiencia, únicamente cuando la resolución vaya a ser favorable para el interesado.
c) Informe del Consejo General del Poder Judicial, cuando este sea preceptivo.
d) Informe del servicio jurídico, cuando este sea preceptivo.

3. ¿Cuándo se iniciarán de oficio los procedimientos?

a) Por denuncia.
b) Por acuerdo del órgano competente.
c) Por propia iniciativa.
d) Todas las respuestas son correctas.

4. Señala la respuesta incorrecta respecto al inicio del procedimiento por denuncia:

a) Las denuncias deberán expresar la identidad de la persona o personas que las presentan y el relato de los hechos que se ponen en conocimiento de la Administración.
b) La presentación de una denuncia confiere, por sí sola, la condición de interesado en el procedimiento.

c) Cuando la denuncia invocara un perjuicio en el patrimonio de las Administraciones Públicas la no iniciación del procedimiento deberá ser motivada y se notificará a los denunciantes la decisión de si se ha iniciado o no el procedimiento.

d) Se entiende por denuncia el acto por el que cualquier persona, en cumplimiento o no de una obligación legal, pone en conocimiento de un órgano administrativo la existencia de un determinado hecho que pudiera justificar la iniciación de oficio de un procedimiento administrativo.

5. ¿En qué casos se podrá imponer una sanción sin que se haya tramitado el oportuno procedimiento?

a) En casos de urgente necesidad.

b) En situaciones excepcionales, como por ejemplo, situaciones de crisis sanitarias o epidemias.

c) Las respuestas a) y b) son correctas.

d) En ningún caso.

6. ¿Cuál de los siguientes datos no es necesario que figure en las solicitudes de iniciación del procedimiento por parte de los interesados?

a) Número de teléfono.

b) Hechos, razones y petición en que se concrete, con toda claridad, la solicitud.

c) Órgano, centro o unidad administrativa a la que se dirige y su correspondiente código de identificación.

d) Firma del solicitante o acreditación de la autenticidad de su voluntad expresada por cualquier medio.

7. Los documentos que los interesados dirijan a los órganos de las Administraciones Públicas podrán presentarse:

a) En las oficinas de Correos, en la forma que reglamentariamente se establezca.

b) En el registro electrónico de la Administración u Organismo al que se dirijan.

c) En las representaciones diplomáticas u oficinas consulares de España en el extranjero.

d) Todas las respuestas son correctas.

8. Los interesados solo podrán solicitar el inicio de un procedimiento de responsabilidad patrimonial, cuando no haya prescrito su derecho a reclamar. El derecho a reclamar prescribirá:

a) Al año de producido el hecho o el acto que motive la indemnización o se manifieste su efecto lesivo.

b) A los dos años de producido el hecho o el acto que motive la indemnización o se manifieste su efecto lesivo.

c) A los cinco años de producido el hecho o el acto que motive la indemnización o se manifieste su efecto lesivo.

d) Este derecho no prescribe.

9. ¿De acuerdo con qué principio se acordarán en un solo acto todos los trámites que, por su naturaleza, admitan un impulso simultáneo y no sea obligado su cumplimiento sucesivo?

a) Con el principio de oficialidad.
b) Con el principio de eficacia.
c) Con el principio de simplificación administrativa.
d) Con el principio de eficacia.

10. Salvo en el caso de que en la norma correspondiente se fije plazo distinto, los trámites que deban ser cumplimentados por los interesados deberán realizarse en el plazo de:

a) Siete días a partir del siguiente al de la notificación del correspondiente acto.
b) Diez días a partir del siguiente al de la notificación del correspondiente acto.
c) Quince días a partir del siguiente al de la notificación del correspondiente acto.
d) Un mes a partir del siguiente al de la notificación del correspondiente acto.

11. En cualquier momento del procedimiento, cuando la Administración considere que alguno de los actos de los interesados no reúne los requisitos necesarios, lo pondrá en conocimiento de su autor, concediéndole un plazo para cumplimentarlo:

a) De cinco días.
b) De siete días.
c) De diez días.
d) De veinte días.

12. Cuando la Administración no tenga por ciertos los hechos alegados por los interesados o la naturaleza del procedimiento lo exija, el instructor del mismo acordará la apertura de un período de prueba, a fin de que puedan practicarse cuantas juzgue pertinentes, por un plazo:

a) No superior a treinta días ni inferior a diez.
b) No superior a treinta días ni inferior a quince.
c) No superior a veinte días ni inferior a diez.
d) No superior a veinte días ni inferior a cinco.

13. Salvo disposición expresa en contrario, los informes serán:

a) Vinculantes.
b) Vinculantes y facultativos.

c) Facultativos y no vinculantes.
d) Nunca facultativos.

14. En el caso de los procedimientos de responsabilidad patrimonial será preceptivo solicitar informe al servicio cuyo funcionamiento haya ocasionado la presunta lesión indemnizable, no pudiendo exceder el plazo de su emisión de:

a) Diez días.
b) Quince días.
c) Veinte días.
d) Un mes.

15. ¿Cómo se denomina el conjunto ordenado de documentos y actuaciones que sirven de antecedente y fundamento a la resolución administrativa, así como las diligencias encaminadas a ejecutarla?

a) Dosier administrativo.
b) Acto administrativo.
c) Expediente administrativo.
d) Procedimiento administrativo.

16. Con arreglo al artículo 74 LPACAP, las cuestiones incidentales que se susciten en el procedimiento, incluso las que se refieran a la nulidad de actuaciones:

a) Suspenderán la tramitación del procedimiento.
b) No suspenderán la tramitación del procedimiento, salvo la recusación.
c) No suspenderán la tramitación del procedimiento en ningún caso.
d) Siempre que lo estime oportuno el instructor del procedimiento, y así lo motive suficientemente, suspenderá la tramitación del procedimiento.

17. ¿Cuándo podrán los interesados aducir alegaciones y aportar documentos u otros elementos de juicio?

a) En cualquier momento.
b) En cualquier momento del procedimiento posterior al trámite de audiencia.
c) En cualquier momento del procedimiento anterior al trámite de audiencia.
d) Únicamente cuando lo autorice el instructor del procedimiento.

18. Señala la respuesta incorrecta respecto a los medios y período de prueba:

a) El instructor del procedimiento solo podrá rechazar las pruebas propuestas por los interesados cuando sean manifiestamente improcedentes o innecesarias, sin necesidad de resolución motivada.
b) En los procedimientos de carácter sancionador, los hechos declarados probados por resoluciones judiciales penales firmes vincularán a las Administraciones Públicas respecto de los procedimientos sancionadores que substancien.

c) Cuando la prueba consista en la emisión de un informe de un órgano administrativo, organismo público o Entidad de derecho público, se entenderá que este tiene carácter preceptivo.

d) Cuando la valoración de las pruebas practicadas pueda constituir el fundamento básico de la decisión que se adopte en el procedimiento, por ser pieza imprescindible para la correcta evaluación de los hechos, deberá incluirse en la propuesta de resolución.

19. Cuando lo considere necesario, el instructor, a petición de los interesados, podrá decidir la apertura de un período extraordinario de prueba por un plazo:

a) No superior a diez días.
b) No superior a quince días.
c) No superior a veinte días.
d) No superior a un mes.

20. Salvo que una disposición o el cumplimiento del resto de los plazos del procedimiento permita o exija otro plazo mayor o menor, los informes serán emitidos en el plazo de:

a) Diez días.
b) Quince días.
c) Veinte días.
d) Un mes.

Solución al test n.º 4

1. a) Procedimientos ejecutivos.

2. b) Trámite de audiencia, únicamente cuando la resolución vaya a ser favorable para el interesado.

3. d) Todas las respuestas son correctas.

4. b) La presentación de una denuncia confiere, por sí sola, la condición de interesado en el procedimiento.

5. d) En ningún caso.

6. a) Número de teléfono.

7. d) Todas las respuestas son correctas.

8. a) Al año de producido el hecho o el acto que motive la indemnización o se manifieste su efecto lesivo.

9. c) Con el principio de simplificación administrativa.

10. b) Diez días a partir del siguiente al de la notificación del correspondiente acto.

11. c) De diez días.

12. a) No superior a treinta días ni inferior a diez.

13. c) Facultativos y no vinculantes.

14. a) Diez días.

15. c) Expediente administrativo.

16. b) No suspenderán la tramitación del procedimiento, salvo la recusación.

17. c) En cualquier momento del procedimiento anterior al trámite de audiencia.

18. a) El instructor del procedimiento solo podrá rechazar las pruebas propuestas por los interesados cuando sean manifiestamente improcedentes o innecesarias, sin necesidad de resolución motivada.

19. a) No superior a diez días.

20. a) Diez días.

TEST N.º 5

Los recursos humanos y la calidad en los servicios. Los servicios de información administrativa y de atención al ciudadano

1. Por su ámbito de actuación, las Oficinas Corporativas de Atención al Ciudadano se clasifican en:

a) Oficinas generales y oficinas especializadas.
b) Oficinas informativas y oficinas registrales.
c) Oficinas centralizadas y oficinas periféricas.
d) Oficinas de atención e información y oficinas de gestión.

2. La información general se facilitará obligatoriamente a los ciudadanos:

a) Previa acreditación de legitimación por interés en el procedimiento.
b) Sin exigir para ello la acreditación de legitimación alguna.
c) Previa identificación y registro del solicitante.
d) Siempre que demuestren un interés legítimo.

3. La información administrativa relativa a la identificación, fines, competencia, estructura, funcionamiento y localización de organismos y unidades administrativas; la referida a los requisitos jurídicos o técnicos que las disposiciones impongan a los proyectos, actuaciones o solicitudes que los ciudadanos se propongan realizar; la referente a la tramitación de procedimientos, a los servicios públicos y prestaciones, así como a cualesquiera otros datos que aquellos tengan necesidad de conocer en sus relaciones con las Administraciones públicas, en su conjunto, o con alguno de sus ámbitos de actuación, se denomina:

a) Información completa.
b) Información inicial.
c) Información básica.
d) Información general.

4. Se considera información particular:

a) La referente a la tramitación de procedimientos, a los servicios públicos y prestaciones, así como a cualesquiera otros datos que aquellos tengan necesidad de conocer en sus relaciones con las Administraciones públicas, en su conjunto, o con alguno de sus ámbitos de actuación.

b) La relativa a la identificación, fines, competencia, estructura, funcionamiento y localización de organismos y unidades administrativas.

c) La concerniente al estado o contenido de los procedimientos en tramitación, y a la identificación de las autoridades y personal al servicio de la Administración y de las entidades de derecho público vinculadas o dependientes de la misma bajo cuya responsabilidad se tramiten aquellos procedimientos.

d) La referida a los requisitos jurídicos o técnicos que las disposiciones impongan a los proyectos, actuaciones o solicitudes que los ciudadanos se propongan realizar.

5. Recibidas las sugerencias o quejas que no sean anónimas, se dará cuenta de ello al ciudadano, comunicándole que se le informará de las actuaciones llevadas a cabo en el plazo, contado desde la recepción de estas, de:

a) 10 días naturales.
b) 15 días hábiles.
c) 20 días hábiles.
d) 30 días.

6. Las manifestaciones o declaraciones efectuadas por los ciudadanos en las que pongan de manifiesto los retrasos, desatenciones o cualquier otra anomalía que observen en el funcionamiento de los servicios públicos, se consideran:

a) Quejas.
b) Sugerencias.
c) Iniciativas.
d) Recursos.

7. Las quejas formuladas ante en las Oficinas Corporativas de Atención al Ciudadano de la Administración de la Región de Murcia:

a) Solo podrán ser formuladas por personas físicas.
b) No podrán ser anónimas.
c) Podrán formularse telefónicamente.
d) Tendrán la calificación de recursos administrativos.

8. Según el artículo 3 del Decreto 236/2010, de 3 de septiembre, por el que se regula la Atención al Ciudadano en la Administración Pública de la Región de Murcia, uno de los principios que con carácter general regirá la actividad de atención al ciudadano es el de deferencia,…………..y máximo respeto en la prestación de los servicios de atención y, en general, en el trato con los ciudadanos. Señala la palabra que falta en la frase:

a) Decoro.
b) Acogimiento.
c) Esmero.
d) Educación.

9. La petición de información dirigida a las Oficinas de Atención al Ciudadano podrá realizarse de forma verbal, por escrito o utilizando medios informáticos. La respuesta se emitirá, en el caso de ser escrita, en el plazo de:

a) 10 días.
b) 15 días.
c) 20 días.
d) 30 días.

10. Constituyen el instrumento de la Administración pública de la Región de Murcia y sus organismos públicos para informar a los ciudadanos sobre los servicios que tienen encomendados y acerca de los compromisos de calidad en su prestación, así como de los derechos de los ciudadanos y usuarios en relación con estos servicios:

a) Los Tablones de anuncios.
b) Los boletines oficiales.
c) Los Protocolos de prestación de servicios.
d) Las Cartas de Servicios.

11. ¿Cuándo puede realizarse la evaluación de las políticas públicas según el momento de aplicación?

a) Únicamente después de finalizada la política.
b) Durante su ejecución, pero nunca antes.
c) En la fase de planificación, durante la ejecución o con posterioridad a la misma.
d) Solo en la fase de diseño conceptual.

12. ¿Qué tipo de evaluación analiza la existencia de objetivos definidos y medibles, así como la justificación de la intervención pública?

a) Evaluación de resultados e impactos.
b) Evaluación del proceso de ejecución y seguimiento.
c) Evaluación conceptual o de diseño.
d) Evaluación de eficiencia administrativa.

13. Según el artículo 3 del Decreto-ley 1/2025, de 5 de junio, de Simplificación Administrativa de la Región de Murcia ¿Cuál de los siguientes es un principio al que la Administración Pública de la Comunidad Autónoma de la Región de Murcia, y las entidades locales situadas en el territorio de la Región de Murcia, han de ajustar sus políticas públicas y su actividad?

a) Simplificación de los procedimientos administrativos.
b) Exclusividad en el acceso de grandes empresas.

c) Neutralidad política en la toma de decisiones.
d) Eliminación de toda forma de participación ciudadana.

14. Señalar la opción incorrecta. Conforme al artículo 7 del Decreto 236/2010, con independencia del canal utilizado, la información se proporcionará a los ciudadanos de acuerdo con los principios de:

a) Integridad.
b) Adaptación al progreso.
c) Máxima accesibilidad.
d) Transparencia.

15. Constituye información administrativa de la Administración Pública de la Región de Murcia:

a) Las notificaciones de los actos y resoluciones administrativas.
b) La información relativa a las competencias de la Administración autonómica.
c) La publicidad de la CARM.
d) La propaganda corporativa de la Administración autonómica.

16. Señalar la opción incorrecta. Por su contenido, la información administrativa se clasifica en:

a) Electrónica.
b) Particular.
c) Especializada.
d) General.

17. Conforme al artículo 8 del Decreto 236/2010, de 3 de septiembre, de Atención al Ciudadano en la Administración Pública de la Región de Murcia, por la forma de proporcionarla, la información administrativa puede ser:

a) Particular.
b) Telefónica.
c) Diferida.
d) Electrónica.

18. Con carácter general, la información administrativa de la Administración de la Región de Murcia se ofrecerá:

a) De forma presencial.
b) De modo diferido.
c) De manera particular.
d) De modo inmediato.

19. En relación a la solicitud de información administrativa por parte del interesado, es cierto que:

a) La petición de información dirigida a las Oficinas de Atención al Ciudadano no puede realizarse de forma verbal.

b) La respuesta se emitirá siempre por escrito.

c) Si la petición de información requiere la consulta a otra unidad administrativa, se le dará traslado en el transcurso del mismo día.

d) La información tendrá exclusivamente carácter ilustrativo e informativo para quienes la soliciten.

20. La información proporcionada al ciudadano:

a) Podrá originar derechos a favor de los solicitantes.

b) Producirá efectos sobre el procedimiento al que se refiera.

c) Podrá ser invocada a los efectos de interrupción o paralización de plazos.

d) Debe ser sucinta.

En MADTEST tienes **más preguntas de este tema**, y todos tus avances quedan registrados y se reflejan en el ranking.

¡Supera tus límites con MADTEST!

Solución al test n.º 5

1. a) Oficinas generales y oficinas especializadas.

2. b) Sin exigir para ello la acreditación de legitimación alguna.

3. d) Información general.

4. c) La concerniente al estado o contenido de los procedimientos en tramitación, y a la identificación de las autoridades y personal al servicio de la Administración y de las entidades de derecho público vinculadas o dependientes de la misma bajo cuya responsabilidad se tramiten aquellos procedimientos.

5. d) 30 días.

6. a) Quejas.

7. c) Podrán formularse telefónicamente.

8. c) Esmero.

9. a) 10 días.

10. d) Las Cartas de Servicios.

11. c) En la fase de planificación, durante la ejecución o con posterioridad a la misma.

12. c) Evaluación conceptual o de diseño.

13. a) Simplificación de los procedimientos administrativos.

14. d) Transparencia.

15. b) La información relativa a las competencias de la Administración autonómica.

16. a) Electrónica.

17. c) Diferida.

18. d) De modo inmediato.

19. d) La información tendrá exclusivamente carácter ilustrativo e informativo para quienes la soliciten.

20. d) Debe ser sucinta.

TEST N.º 6

Los sistemas informáticos: concepto, componentes y funcionamiento general. Redes de ordenadores e Internet. La red corporativa de la Comunidad Autónoma de la Región de Murcia

1. Con 10 bits, ¿cuántos números distintos puedo representar?

a) 2^{10}.
b) 10.
c) 2x10.
d) 1010.

2. ¿Qué número decimal es el 1110 en base 2?

a) 15.
b) 16.
c) 14.
d) 13.

3. ¿Qué parte del ordenador interpreta las instrucciones almacenadas en memoria principal?

a) La unidad de control.
b) El acumulador.
c) El contador de programa.
d) La ALU.

4. ¿Cuál es la memoria más rápida en un ordenador?

a) Memoria principal.
b) Disco duro.
c) Memoria caché.
d) Registros de la CPU.

5. En un disco duro, una circunferencia dentro de una cara se denomina:

a) Cilindro.
b) Sector.
c) Clúster.
d) Pista.

6. Las palabras se codifican en el ordenador en:

a) Código complemento 1.
b) Código complemento 2.
c) Código ASCII.
d) Código decimal.

7. El teclado forma parte de la fase:

a) De procesamiento.
b) De entrada.
c) De salida.
d) De ninguna de las anteriores.

8. Las líneas que comunican las distintas partes de un ordenador se denominan:

a) Pistas.
b) Cilindros.
c) Buses.
d) ALU.

9. ¿Quién interpreta las instrucciones de un programa?

a) ALU.
b) CPU.
c) Registros.
d) Memoria principal.

10. ¿En qué parte de la CPU se guarda información?

a) ALU.
b) Memoria principal.
c) Unidad de control.
d) Registros.

11. La velocidad de la CPU se mide en:

a) Segundos.
b) Minutos.
c) Hercios.
d) Milisegundos.

12. ¿Qué memoria es más rápida?

a) Disco duro.
b) Registros de la CPU.
c) Memoria caché.
d) CD.

13. Las memorias USB son:

a) Memorias magnéticas.
b) Memorias ópticas.
c) Memorias flash.
d) Memorias ROM.

14. El conjunto de las pistas alienadas verticalmente en un disco duro se denominan:

a) Sector.
b) Cilindro.
c) Cabezal.
d) Sector.

15. Los discos duros SATA están sustituyendo a:

a) Discos duros IDE.
b) Memorias USB.
c) Disco duros DATA.
d) Memoria principal.

16. ¿Qué tipo de CD solo es de lectura?

a) CD-ROM.
b) CD-R.
c) CD-RW.
d) CD-DA.

17. La resolución de los monitores actuales se miden en:

a) Líneas.
b) Columnas
c) Píxeles.
d) Bytes.

18. Habitualmente el monitor se conecta en el puerto:

a) USB.
b) Serie.
c) Paralelo.
d) VGA.

19. En los ordenadores actuales el ratón se conecta en el puerto:

a) USB.
b) Serie.
c) Paralelo.
d) VGA.

20. ¿En qué puerto se conecta una impresora que quiere ser compartida en red?

a) USB.
b) Ethernet.
c) Paralelo.
d) VGA.

En MADTEST tienes **más preguntas de este tema**, y todos tus avances quedan registrados y se reflejan en el ranking.

¡Supera tus límites con MADTEST!

Solución al test n.º 6

1. a) 2^{10}.

2. c) 14.

3. a) La unidad de control.

4. d) Registros de la CPU.

5. d) Pista.

6. c) Código ASCII.

7. b) De entrada.

8. c) Buses.

9. b) CPU.

10. d) Registros.

11. c) Hercios.

12. b) Registros de la CPU.

13. c) Memorias flash.

14. b) Cilindro.

15. a) Discos duros IDE.

16. a) CD-ROM.

17. c) Píxeles.

18. d) VGA.

19. a) USB.

20. b) Ethernet.

TEST N.º 7

Prevención de riesgos laborales: derechos y obligaciones de los trabajadores en materia de prevención de riesgos laborales. La organización de la prevención de riesgos laborales en la Administración Regional

1. Los representantes de los trabajadores con competencia en materia de prevención de riesgos laborales son:

a) Los miembros de la Junta de personal, Junta Facultativo y Junta de Enfermería.
b) Los técnicos de prevención de riesgos laborales.
c) El Servicio de Medicina Preventiva.
d) Los delegados de prevención.

2. ¿Qué se entiende por "riesgo laboral"?

a) La posibilidad de que un trabajador sufra un determinado daño derivado del trabajo.
b) La posibilidad de que un trabajador sufra una enfermedad en el trabajo.
c) La posibilidad de que un trabajador sufra acoso.
d) El riesgo que supone el ir a trabajar.

3. ¿Quién debe garantizar a los trabajadores la vigilancia periódica de su estado de salud en función de los riesgos inherentes al trabajo?

a) La Inspección de Trabajo.
b) El propio trabajador.
c) El empresario.
d) Las secciones sindicales.

4. Indica cuál es la definición de prevención:

a) La probabilidad racional de que un riesgo se materialice de forma inminente.
b) El estudio de los procesos potencialmente peligrosos para el trabajo.
c) Conjunto de actividades o medidas adoptadas o previstas en todas las fases de actividad de la empresa con el fin de evitar o disminuir los riesgos derivados del trabajo.
d) Posibilidad de que un trabajador sufra un determinado daño derivado del trabajo.

5. Señale la respuesta incorrecta:

a) La Ley de Prevención de Riesgos Laborales se aplica a los operativos de Seguridad civil en casos de catástrofe.

b) La Ley de Prevención de Riesgos Laborales se aplica a las sociedades cooperativas.

c) En el ámbito de la relación laboral de carácter especial del servicio del hogar familiar, las personas trabajadoras tienen derecho a una protección eficaz en materia de seguridad y salud en el trabajo.

d) En los establecimientos penitenciarios, se adaptarán a la Ley de Prevención de Riesgos Laborales aquellas actividades cuyas características justifiquen una regulación especial.

6. ¿Cuál es la vigente Ley de Prevención de Riesgos Laborales?

a) Ley 32/1995, de 8 de noviembre.
b) Ley 30/1996, de 8 de noviembre.
c) Ley 31/1995, de 6 de noviembre.
d) Ley 31/1995, de 8 de noviembre

7. ¿Cuántos delegados de prevención se deberán elegir en empresas entre 3001 y 4000 trabajadores?

a) 5.
b) 6.
c) 7.
d) 8.

8. En las empresas de hasta 30 trabajadores el Delegado de Prevención será:

a) El propio empresario.
b) El trabajador más antiguo.
c) El trabajador de mayor cualificación.
d) El delegado de personal.

9. Según la Ley de Prevención de Riesgos Laborales, se constituirá un Comité de Seguridad y Salud en todas las empresas o centros de trabajo que cuenten con:

a) 30 o más trabajadores.
b) 50 ó más trabajadores.
c) 75 ó más trabajadores.
d) 100 ó más trabajadores.

10. ¿Qué capítulo de la Ley 31/1995, de Prevención de Riesgos Laborales se refiere a los derechos y obligaciones?

a) Capítulo 2.
b) Capítulo 3.
c) Capítulo 4.
d) Capítulo 5.

11. A efectos de determinar el número de Delegados de Prevención se tendrá en cuenta que, se computarán como trabajadores fijos de plantilla los trabajadores vinculados por contratos de duración determinada superior a:

a) 6 meses.
b) Un año.
c) Dos años.
d) Cuatro años.

12. En los casos de concurrencia de trabajadores de varias empresas en un centro de trabajo cuando existe un empresario principal, uno de los deberes de vigilancia por parte de éste, consistirá en:

a) Impulsar la regulación de esquemas organizativos, que eviten los accidentes de trabajo.
b) Comprobar que las empresas contratistas y subcontratistas concurrentes en su centro de trabajo han establecido los necesarios medios de coordinación entre ellas.
c) Asegurar la correcta utilización por parte de los trabajadores de las empresas concurrentes de los correspondientes dispositivos de seguridad disponibles.
d) Asegurarse de que los trabajadores concurrentes disponen de la formación preventiva correspondiente.

13. Cuando los trabajadores estén expuestos a un riesgo grave e inminente con ocasión de su trabajo, y el empresario no adopte o no permita la adopción de las medidas necesarias para garantizar la seguridad y la salud de los trabajadores, la Ley 31/1995, de 8 de noviembre, de Prevención de Riesgos Laborales prevé que:

a) Los trabajadores afectados podrán paralizar la actividad.
b) El órgano de representación del personal instará formalmente al empresario a la adopción de las medidas necesarias.
c) Los Delegados de Prevención lo comunicarán a la autoridad laboral, que adoptará las medidas necesarias.
d) El órgano de representación de personal podrá acordar la paralización de la actividad.

14. Según establece el art. 4 de la Ley 31/1995, de 8 de noviembre, de Prevención de Riesgos Laborales, se define como daños derivados del trabajo:

a) La posibilidad de que un trabajador sufra un determinado daño derivado del trabajo.
b) El que resulte probable racionalmente que se materialice en un futuro inmediato y pueda suponer y pueda suponer un daño grave para la salud de los trabajadores.
c) Las enfermedades, patologías o lesiones sufridas con motivo u ocasión del trabajo.
d) Cualquier máquina, aparato, instrumento o instalación utilizada en el trabajo.

15. El art. 21 de la LPRL establece los requisitos y el procedimiento para que los representantes legales de los trabajadores acuerden la paralización de la actividad de los trabajadores que están o puedan estar expuestos a un riesgo grave e inminente si el empresario no adopta las medidas necesarias para garantizar la seguridad y salud de los trabajadores. La medida será adoptada por:

a) Acuerdo por mayoría absoluta de sus miembros. Tal acuerdo será comunicado de inmediato a la empresa y a la autoridad laboral, la cual, en el plazo de 48 horas, anulará o ratificará la paralización acordada.

b) Acuerdo por mayoría de 2/3 de sus miembros. Tal acuerdo será comunicado de inmediato a la empresa y a la autoridad laboral, la cual, en el plazo de 24 horas, anulará o ratificará la paralización acordada.

c) Acuerdo por mayoría de sus miembros. Tal acuerdo será comunicado de inmediato a la empresa y a la autoridad laboral, la cual, en el plazo de 48 horas, anulará o ratificará la paralización acordada.

d) Acuerdo por mayoría de sus miembros. Tal acuerdo será comunicado de inmediato a la empresa y a la autoridad laboral, la cual, en el plazo de 24 horas, anulará o ratificará la paralización acordada.

16. El art. 23 de la LPRL establece la documentación que el empresario debe elaborar y conservar a disposición de la autoridad laboral. De las siguientes no está incluido:

a) El Plan de prevención de riesgos laborales.

b) Evaluación de los riesgos para la seguridad y la salud en el trabajo.

c) La planificación de la actividad laboral.

d) La relación de accidentes de trabajo y enfermedades profesionales que hayan causado al trabajador una incapacidad laboral superior a un día de trabajo.

17. El art. 29 de la LPRL establece las obligaciones de los trabajadores en materia de prevención de riesgos. De las siguientes no se considera una obligación del trabajador:

a) Utilizar correctamente los medios y equipos de protección facilitados por el empresario, de acuerdo con las instrucciones recibidas de éste.

b) Usar adecuadamente, de acuerdo con su naturaleza y los riesgos previsibles, las máquinas, aparatos, herramientas, sustancias peligrosas, equipos de transporte y, en general, cualesquiera otros medios con los que desarrollen su actividad.

c) Informar de inmediato a su superior jerárquico directo, y a los trabajadores designados para realizar las actualizaciones que consideren oportunas en el equipo de protección individual.

d) No poner fuera de funcionamiento y utilizar correctamente los dispositivos de seguridad existentes o que se instalen en los medios relacionados con su actividad o en los lugares de trabajo en los que ésta tenga lugar.

18. Es incorrecto en relación con la paralización de los trabajos, regulada en el art. 44 de la LPRL:

a) Es necesario que el Inspector de Trabajo y Seguridad Social, compruebe que, a su juicio, existe un riesgo grave e inminente para la seguridad y la salud de los trabajadores.

b) Dicha medida, será comunicada a la empresa responsable, que la pondrá en conocimiento de los trabajadores afectados en un plazo máximo de 24 horas.

c) El Inspector de Trabajo y Seguridad Social dará traslado de su decisión de forma inmediata a la autoridad laboral.

d) La empresa, sin perjuicio del cumplimiento inmediato de tal decisión, podrá impugnarla ante la autoridad laboral en el plazo de tres días hábiles.

19. Los instrumentos esenciales para la gestión y aplicación del Plan de prevención de riesgos laborales son:

a) La evaluación de riesgos y la planificación de la actividad preventiva.

b) La evaluación inicial de riesgos y la formación.

c) La planificación y la gestión de la actividad preventiva.

d) La identificación y la evaluación de los riesgos.

20. El posible cambio de puesto de trabajo con riesgo para una trabajadora embarazada:

a) Deberá realizarse en caso de imposibilidad de adaptación del propio puesto.

b) Se hará previo informe en tal sentido del Servicio de Prevención.

c) Se determinará por el empresario, y dará información a los representantes de los trabajadores.

d) Se extenderá al período de lactancia.

En MADTEST tienes **más preguntas de este tema**, y todos tus avances quedan registrados y se reflejan en el ranking.

¡Supera tus límites con MADTEST!

Solución al test n.º 7

1. d) Los delegados de prevención.

2. a) La posibilidad de que un trabajador sufra un determinado daño derivado del trabajo.

3. c) El empresario.

4. c) Conjunto de actividades o medidas adoptadas o previstas en todas las fases de actividad de la empresa con el fin de evitar o disminuir los riesgos derivados del trabajo.

5. a) La Ley de Prevención de Riesgos Laborales se aplica a los operativos de Seguridad civil en casos de catástrofe.

6. d) Ley 31/1995, de 8 de noviembre

7. c) 7.

8. d) El delegado de personal.

9. b) 50 o más trabajadores.

10. b) Capítulo 3.

11. b) Un año.

12. b) Comprobar que las empresas contratistas y subcontratistas concurrentes en su centro de trabajo han establecido los necesarios medios de coordinación entre ellas.

13. d) El órgano de representación de personal podrá acordar la paralización de la actividad.

14. c) Las enfermedades, patologías o lesiones sufridas con motivo u ocasión del trabajo.

15. d) Acuerdo por mayoría de sus miembros. Tal acuerdo será comunicado de inmediato a la empresa y a la autoridad laboral, la cual, en el plazo de 24 horas, anulará o ratificará la paralización acordada.

16. c) La planificación de la actividad laboral.

17. c) Informar de inmediato a su superior jerárquico directo, y a los trabajadores designados para realizar las actualizaciones que consideren oportunas en el equipo de protección individual.

18. b) Dicha medida, será comunicada a la empresa responsable, que la pondrá en conocimiento de los trabajadores afectados en un plazo máximo de 24 horas.

19. a) La evaluación de riesgos y la planificación de la actividad preventiva.

20. a) Deberá realizarse en caso de imposibilidad de adaptación del propio puesto.

La sede electrónica. La identificación y autenticación de las personas físicas y jurídicas para las diferentes actuaciones en la gestión electrónica. El documento electrónico. El expediente electrónico. La Plataforma de Interoperabilidad

1. Señala la palabra que falta, según el artículo 12.1 de la LPACAP. Las Administraciones Públicas deberán garantizar que los interesados pueden relacionarse con la Administración a través de medios electrónicos, para lo que pondrán a su disposición los .... de acceso que sean necesarios así como los sistemas y aplicaciones que en cada caso se determinen:

a) Portales.
b) Servidores.
c) Canales.
d) Códigos.

2. Se define como "dirección electrónica disponible para los ciudadanos a través de redes de telecomunicaciones cuya titularidad, gestión y administración corresponde a una Administración Pública, órgano o entidad administrativa en el ejercicio de sus competencias":

a) Sede electrónica.
b) Administración electrónica.
c) Página web de una Administración Pública.
d) Estándar abierto.

3. El artículo 26.2 de la Ley 39/2015 (LPACAP), exige para ser válidos "contener información de cualquier naturaleza en un soporte electrónico según un formato determinado y susceptible de identificación y tratamiento diferenciado", a:

a) Las notificaciones administrativas.
b) Las comunicaciones electrónicas.
c) Los documentos electrónicos.
d) Los certificados electrónicos.

4. Según el artículo 11 del Real Decreto 203/2021, de 30 de marzo, por el que se aprueba el Reglamento de actuación y funcionamiento del sector público por medios electrónicos, NO es un contenido mínimo que toda sede electrónica ha de poner a disposición de las personas interesadas:

a) La normativa reguladora del Registro al que se acceda a través de la sede electrónica.

b) La relación de sistemas de identificación y firma electrónica que sean admitidos o utilizados en la misma.

c) La identificación del acto o disposición de creación y el acceso al mismo, directamente o mediante enlace a su publicación en el Boletín Oficial correspondiente.

d) Relación histórica de los servicios, procedimientos y trámites publicados.

5. Conforme al artículo 9 de la LPACAP (en redacción dada por el Real Decreto-ley 14/2019, de 31 de octubre), los interesados podrán identificarse electrónicamente ante las Administraciones Públicas a través de cualquier sistema que las Administraciones públicas consideren válido en los términos y condiciones que se establezca, siempre que cuenten con un registro previo como usuario que permita garantizar su identidad y previa comunicación a la Agencia Estatal de Administración Digital. De forma previa a la eficacia jurídica del sistema, habrá de transcurrir desde dicha comunicación el siguiente plazo, durante el cual el órgano estatal competente por motivos de seguridad pública podrá acudir a la vía jurisdiccional, previo informe vinculante de la Secretaría de Estado de Seguridad:

a) 1 mes.

b) 2 meses.

c) 3 meses.

d) 6 meses.

6. En relación con el tipo de comunicación de interesado con la Administración, no es cierto que:

a) Las personas físicas puedan elegir en todo momento si se comunican con las Administraciones Públicas para el ejercicio de sus derechos y obligaciones a través de medios electrónicos o no, salvo que estén obligadas a relacionarse a través de medios electrónicos con las Administraciones Públicas.

b) Las Administraciones puedan establecer la obligación de relacionarse con ellas a través de medios electrónicos para determinados procedimientos y para ciertos colectivos de personas físicas.

c) Las personas jurídicas estén obligadas a relacionarse a través de medios electrónicos con las Administraciones Públicas para la realización de cualquier trámite de un procedimiento administrativo.

d) El medio elegido por la persona para comunicarse con las Administraciones Públicas no puede ser modificado a lo largo del procedimiento.

7. No están obligados a relacionarse a través de medios electrónicos con las Administraciones Públicas para la realización de cualquier trámite de un procedimiento administrativo:

a) Las entidades sin personalidad jurídica.

b) Todo aquel que ostente la representación de un interesado.

c) Quienes ejerzan una actividad profesional para la que se requiera colegiación obligatoria, para los trámites y actuaciones que realicen con las Administraciones Públicas en ejercicio de dicha actividad profesional.

d) Las personas jurídicas.

8. Una condición para que pueda realizarse válidamente la identificación o firma electrónica en el procedimiento administrativo del interesado por un funcionario público mediante el uso del sistema de firma electrónica del que esté dotado para ello, es que:

a) El interesado disponga de los medios electrónicos necesarios.

b) El interesado esté obligado a relacionarse con la Administración por medios electrónicos.

c) El interesado se identifique ante el funcionario y preste su consentimiento expreso para esta actuación.

d) El interesado sea una persona física o jurídica.

9. Cuando los interesados se correspondan con colectivos de personas físicas que por razón de su capacidad económica o técnica, dedicación profesional u otros motivos acreditados tengan garantizado el acceso y disponibilidad de los medios tecnológicos precisos:

a) Estarán obligados a utilizar siempre medios electrónicos para comunicarse con la Administración.

b) Podrán elegir el medio con el que comunicarse con la Administración.

c) Las Administraciones Públicas podrán establecer reglamentariamente la obligatoriedad de comunicarse con ellas utilizando solo medios electrónicos.

d) Tendrán las mismas obligaciones que cualquier persona física en su relación con la Administración.

10. Procedimiento de verificación de la identidad digital de un sujeto en sus interacciones en el ámbito digital:

a) Identificación.

b) Autenticación.

c) Certificación.

d) Cualificación.

11. En relación con los documentos electrónicos administrativos, no es cierto que:

a) Para ser considerados válidos, los documentos electrónicos administrativos deberán disponer de los datos de identificación que permitan su individualización, sin perjuicio de su posible incorporación a un expediente electrónico.

b) A menos que su naturaleza exija otra forma más adecuada de expresión y constancia, las Administraciones Públicas emitirán los documentos administrativos por escrito, a través de medios electrónicos.

c) Los documentos electrónicos emitidos por las Administraciones Públicas que se publiquen con carácter meramente informativo requieren firma electrónica para ser considerados documentos administrativos.

d) Cualquier documento electrónico emitido por una Administración Pública requerirá que se identifique su origen aunque no forme parte de un expediente administrativo.

12. A menos que su naturaleza exija otra forma más adecuada de expresión y constancia, los actos administrativos se producirán:

a) Por escrito a través de medios electrónicos.
b) Oralmente.
c) Por escrito en papel.
d) Oralmente a través de medios electrónicos.

13. Aquella dimensión de la interoperabilidad relativa a que la información intercambiada pueda ser interpretable de forma automática y reutilizable por aplicaciones que no intervinieron en su creación, se denomina:

a) Interoperabilidad semántica.
b) Interoperabilidad técnica.
c) Interoperabilidad en el tiempo.
d) Interoperabilidad organizativa.

14. Según el artículo 21.4 de la Ley 39/2015 (LPACAP), las Administraciones Públicas deben publicar y mantener actualizadas en el portal web, a efectos informativos, las relaciones de procedimientos de su competencia, con indicación de los plazos máximos de duración de los mismos, así como de:

a) Los órganos que los tramitan.
b) Los efectos que produzca el silencio administrativo.
c) Los modelos de petición de información.
d) Los requisitos para la iniciación de los procedimientos a instancia de los interesados.

15. Cuando en virtud de una norma sea preciso remitir el expediente electrónico, se enviará completo, foliado, autentificado y acompañado de:

a) La información auxiliar o de apoyo.
b) La norma que lo sustenta.

c) Un recibo del Registro General.
d) Un índice de los documentos que contenga.

16. Los poderes inscritos en el *registro electrónico general de apoderamientos* tendrán una validez determinada máxima, a contar desde la fecha de inscripción, de:

a) 3 años.
b) 4 años.
c) 5 años.
d) Indefinida.

17. En relación a las sedes electrónicas, es cierto que:

a) La sede electrónica asociada tendrá consideración de sede electrónica a todos los efectos.
b) El acto o resolución de creación o supresión de una sede electrónica o sede electrónica asociada será publicado en el boletín oficial del Estado.
c) El titular de la sede electrónica y, en su caso, de la sede electrónica asociada, no será responsable de la integridad, veracidad y actualización de la información a la que pueda accederse a través de la misma.
d) Solo podrá crearse una sede electrónica asociada por cada sede electrónica.

18. ¿Cuál de las siguientes afirmaciones en relación con la autenticación de copias es cierta?

a) Las copias auténticas tienen la misma validez que los documentos originales pero distinta eficacia.
b) Las copias auténticas de documentos privados no pueden surtir efectos administrativos.
c) Las copias auténticas realizadas por una Administración Pública solo tienen validez en su ámbito funcional.
d) Los interesados podrán solicitar, en cualquier momento, la expedición de copias auténticas de los documentos públicos administrativos que hayan sido válidamente emitidos por las Administraciones Públicas.

19. En relación con el expediente administrativo, no es cierto que:

a) Los expedientes deban tener formato electrónico.
b) Deba constar en el expediente copia electrónica certificada de la resolución adoptada.
c) Los juicios de valor emitidos por las Administraciones Públicas siempre deban formar parte del expediente.
d) Cuando se remita deba contener un índice numerado de todos los documentos que contenga.

20. ¿Qué norma regula en el ámbito de la Administración de la Comunidad Autónoma de la Región de Murcia, el Régimen Jurídico de la Gestión Electrónica de la Administración Pública de la Comunidad Autónoma de la Región de Murcia?

a) El Decreto 302/2011, de 25 de noviembre.
b) El Decreto 198/2014, de 5 de septiembre.
c) El Decreto 8/2006, de 17 de febrero.
d) El Decreto 359/2009, de 30 de octubre.

En MADTEST tienes **más preguntas de este tema**, y todos tus avances quedan registrados y se reflejan en el ranking.

¡Supera tus límites con MADTEST!

Solución al test n.º 8

1. c) Canales.

2. a) Sede electrónica.

3. c) Los documentos electrónicos.

4. d) Relación histórica de los servicios, procedimientos y trámites publicados.

5. b) 2 meses.

6. d) El medio elegido por la persona para comunicarse con las Administraciones Públicas no puede ser modificado a lo largo del procedimiento.

7. b) Todo aquel que ostente la representación de un interesado.

8. c) El interesado se identifique ante el funcionario y preste su consentimiento expreso para esta actuación.

9. c) Las Administraciones Públicas podrán establecer reglamentariamente la obligatoriedad de comunicarse con ellas utilizando solo medios electrónicos.

10. b) Autenticación.

11. c) Los documentos electrónicos emitidos por las Administraciones Públicas que se publiquen con carácter meramente informativo requieren firma electrónica para ser considerados documentos administrativos.

12. a) Por escrito a través de medios electrónicos.

13. a) Interoperabilidad semántica.

14. b) Los efectos que produzca el silencio administrativo.

15. d) Un índice de los documentos que contenga.

16. c) 5 años.

17. a) La sede electrónica asociada tendrá consideración de sede electrónica a todos los efectos.

18. d) Los interesados podrán solicitar, en cualquier momento, la expedición de copias auténticas de los documentos públicos administrativos que hayan sido válidamente emitidos por las Administraciones Públicas.

19. c) Los juicios de valor emitidos por las Administraciones Públicas siempre deban formar parte del expediente.

20. a) El Decreto 302/2011, de 25 de noviembre.

Igualdad: disposiciones generales. Transparencia y acceso a la información pública: conceptos fundamentales

1. ¿Qué artículo de la Constitución proclama que los españoles son iguales ante la ley, sin que pueda prevalecer discriminación alguna por razón de nacimiento, raza, sexo, religión, opinión o cualquier otra condición o circunstancia personal o social?

a) Artículo 9.
b) Artículo 11.
c) Artículo 14.
d) Artículo 18.

2. Según su artículo 1, la LO 3/2007 tiene por objeto hacer efectivo el derecho de:

a) Conciliación de la vida laboral y familiar de mujeres y hombres.
b) Igualdad de trato y de oportunidades entre mujeres y hombres.
c) Participación en los asuntos públicos en igualdad de condiciones.
d) No discriminación por razón de sexo.

3. Las obligaciones establecidas en la LO 3/2007 son de aplicación a:

a) A toda persona, física o jurídica, que se encuentre o actúe en territorio español, cualquiera que fuese su nacionalidad, domicilio o residencia.
b) A todos los ciudadanos españoles, ya sea en territorio español o territorio de cualquier país extranjero.
c) A toda persona, física o jurídica, que se encuentre o actúe en territorio español, con nacionalidad española.
d) A toda persona, física o jurídica, que resida en territorio español, cualquiera que fuese su nacionalidad.

4. Según el artículo 4 de la LO 3/2007, la igualdad de trato y de oportunidades entre mujeres y hombres:

a) Es un deber de las Administraciones Públicas.
b) Es una fuente formal del Derecho.

c) Es un principio informador del ordenamiento jurídico.

d) Es un objetivo fundamental del procedimiento administrativo.

5. El principio de igualdad de trato y de oportunidades entre mujeres y hombres:

a) Sólo se aplica en el ámbito del empleo público.

b) Se garantizará incluso en el acceso al trabajo por cuenta propia.

c) No se aplica en la afiliación y participación en organizaciones sindicales o empresariales.

d) Se garantizará en los términos que prevean los convenios colectivos.

6. Una diferencia de trato basada en una característica relacionada con el sexo ¿constituye discriminación en el acceso al empleo?

a) Sí, en todo caso.

b) No, siempre que la formación necesaria se base en dicha característica.

c) No, siempre que dicha característica constituya un requisito profesional esencial y determinante.

d) No, si debido a la naturaleza de las actividades profesionales concretas o al contexto en el que se lleven a cabo, dicha característica constituya un requisito profesional esencial y determinante, siempre y cuando el objetivo sea legítimo y el requisito proporcionado.

7. En virtud del artículo 6.2 de la LO 3/2007, la situación en que una disposición, criterio o práctica aparentemente neutros pone a personas de un sexo en desventaja particular con respecto a personas del otro:

a) En cualquier caso constituirá discriminación directa.

b) En cualquier caso constituirá discriminación indirecta.

c) No se considera discriminación indirecta si dicha disposición, criterio o práctica pueden justificarse objetivamente en atención a una finalidad legítima y los medios para alcanzar dicha finalidad son necesarios y adecuados.

d) En ningún caso podrá considerarse discriminación.

8. Conforme al artículo 6.3 de la LO 3/2007, toda orden de discriminar por razón de sexo:

a) Sólo se considera discriminatoria si se ordena discriminar directamente.

b) En ningún caso se puede considerar discriminatoria.

c) Sólo se considera discriminatoria si ordena una discriminación indirecta.

d) En cualquier caso se considera discriminatoria, sea directa o indirecta.

9. A los efectos de la LO 3/2007, definimos como acoso sexual:

a) Cualquier comportamiento realizado en función del sexo de una persona, con el propósito o el efecto de atentar contra su dignidad y de crear un entorno intimidatorio, degradante u ofensivo.

b) La situación en que una disposición, criterio o práctica aparentemente neutros pone a personas de un sexo en desventaja particular con respecto a personas del otro, salvo que dicha disposición, criterio o práctica puedan justificarse objetivamente en atención a una finalidad legítima y que los medios para alcanzar dicha finalidad sean necesarios y adecuados.

c) Todo trato desfavorable a las mujeres relacionado con el embarazo o la maternidad.

d) Cualquier comportamiento, verbal o físico, de naturaleza sexual que tenga el propósito o produzca el efecto de atentar contra la dignidad de una persona, en particular cuando se crea un entorno intimidatorio, degradante u ofensivo.

10. Según el artículo 8 de la LO 3/2007, todo trato desfavorable a las mujeres relacionado con el embarazo o la maternidad constituye:

a) Acoso sexual.
b) Acoso por razón de sexo.
c) Discriminación directa por razón de sexo.
d) Discriminación indirecta por razón de sexo.

11. Cualquier comportamiento realizado en función del sexo de una persona, con el propósito o el efecto de atentar contra su dignidad y de crear un entorno intimidatorio, degradante u ofensivo, constituye:

a) Discriminación directa.
b) Acoso sexual.
c) Acoso por razón de sexo.
d) Discriminación indirecta.

12. Conforme al artículo 7.4 de la LO 3/2007, el condicionamiento de un derecho o de una expectativa de derecho a la aceptación de una situación constitutiva de acoso sexual o de acoso por razón de sexo se considerará:

a) Acto de discriminación por razón de sexo.
b) Creación de un entorno intimidatorio, degradante u ofensivo.
c) Anulable y sin efecto.
d) Indemnizable.

13. En virtud del artículo 9 de la LO 3/2007, cualquier trato adverso o efecto negativo que se produzca en una persona como consecuencia de la presentación por su parte de queja, reclamación, denuncia, demanda o recurso, de cualquier tipo, destinados a impedir su discriminación y a exigir el cumplimiento efectivo del principio de igualdad de trato entre mujeres y hombres, se considerará:

a) Discriminación directa.
b) Discriminación por razón de sexo.
c) Injustificado.
d) Acoso sexual.

14. Para prevenir la realización de conductas discriminatorias en los actos y las cláusulas de los negocios jurídicos, el artículo 10 de la LO 3/2007 prevé la existencia de un sistema de sanciones eficaz y:

a) Proporcionado.
b) Comprensible.
c) Cuantificable.
d) Disuasorio.

15. Según el artículo 10 de la LO 3/2007, los actos y las cláusulas de los negocios jurídicos que constituyan o causen discriminación por razón de sexo se considerarán:

a) Válidos, pero anulables.
b) Nulos y sin efecto.
c) Ilegales.
d) Nulos, pero con efectos.

16. Con el fin de hacer efectivo el derecho constitucional de la igualdad, los Poderes Públicos adoptarán medidas específicas en favor de las mujeres para corregir situaciones patentes de desigualdad de hecho respecto de los hombres. Tales medidas, que serán aplicables en tanto subsistan dichas situaciones, habrán de ser en relación con el objetivo perseguido en cada caso razonables y:

a) Justificadas.
b) Autorizadas judicialmente.
c) Transparentes.
d) Proporcionadas.

17. Conforme al artículo 12 de la LO 3/2007, cualquier persona podrá recabar de los tribunales la tutela del derecho a la igualdad entre mujeres y hombres, de acuerdo con lo establecido en el artículo 53.2 de la Constitución:

a) Siempre que la relación en la que supuestamente se produce la discriminación se encuentre vigente.
b) Incluso tras la terminación de la relación en la que supuestamente se ha producido la discriminación.
c) Siempre que se haya dado por terminada la relación en la que supuestamente se produce la discriminación.
d) A menos que se haya procedido a la suspensión de la relación en la que supuestamente se produce la discriminación.

18. La capacidad y la legitimación para intervenir en los procesos civiles, sociales y contencioso-administrativos que versen sobre la defensa del derecho de igualdad entre mujeres y hombres, corresponden a:

a) La persona acosada, únicamente.
b) Cualquier ciudadano.

c) Las personas físicas y jurídicas con interés legítimo.

d) Cualquier persona jurídica.

19. De acuerdo con las Leyes procesales, en aquellos procedimientos en los que las alegaciones de la parte actora se fundamenten en actuaciones discriminatorias, por razón de sexo, corresponderá:

a) A la persona demandada probar la ausencia de discriminación en las medidas adoptadas y su proporcionalidad (esto será aplicable en todo tipo de procesos).

b) A la persona demandante probar la existencia de discriminación en las medidas adoptadas y su proporcionalidad (esto no será aplicable a los procesos penales).

c) A la persona demandada probar la ausencia de discriminación en las medidas adoptadas y su proporcionalidad (esto no será aplicable a los procesos penales).

d) A la persona demandante probar la existencia de discriminación en las medidas adoptadas y su proporcionalidad (esto será aplicable en todo tipo de procesos).

20. El artículo 14 de la LO 3/2007 señala como uno de los criterios generales de actuación de los Poderes Públicos para el cumplimiento de los fines de esta ley, la participación equilibrada de mujeres y hombres en:

a) Los órganos colegiados de organismos públicos.

b) Los órganos directivos de las empresas de más de 250 trabajadores.

c) Los tribunales de selección y de decisión.

d) Las candidaturas electorales y en la toma de decisiones.

En MADTEST tienes **más preguntas de este tema**, y todos tus avances quedan registrados y se reflejan en el ranking.

¡Supera tus límites con MADTEST!

Solución al test n.º 9

1. c) Artículo 14.

2. b) Igualdad de trato y de oportunidades entre mujeres y hombres.

3. a) A toda persona, física o jurídica, que se encuentre o actúe en territorio español, cualquiera que fuese su nacionalidad, domicilio o residencia.

4. c) Es un principio informador del ordenamiento jurídico.

5. b) Se garantizará incluso en el acceso al trabajo por cuenta propia.

6. d) No, si debido a la naturaleza de las actividades profesionales concretas o al contexto en el que se lleven a cabo, dicha característica constituya un requisito profesional esencial y determinante, siempre y cuando el objetivo sea legítimo y el requisito proporcionado.

7. c) No se considera discriminación indirecta si dicha disposición, criterio o práctica pueden justificarse objetivamente en atención a una finalidad legítima y los medios para alcanzar dicha finalidad son necesarios y adecuados.

8. d) En cualquier caso se considera discriminatoria, sea directa o indirecta.

9. d) Cualquier comportamiento, verbal o físico, de naturaleza sexual que tenga el propósito o produzca el efecto de atentar contra la dignidad de una persona, en particular cuando se crea un entorno intimidatorio, degradante u ofensivo.

10. c) Discriminación directa por razón de sexo.

11. c) Acoso por razón de sexo.

12. a) Acto de discriminación por razón de sexo.

13. b) Discriminación por razón de sexo.

14. d) Disuasorio.

15. b) Nulos y sin efecto.

16. d) Proporcionadas.

17. b) Incluso tras la terminación de la relación en la que supuestamente se ha producido la discriminación.

18. c) Las personas físicas y jurídicas con interés legítimo.

19. c) A la persona demandada probar la ausencia de discriminación en las medidas adoptadas y su proporcionalidad (esto no será aplicable a los procesos penales).

20. d) Las candidaturas electorales y en la toma de decisiones.

TEST
MATERIAS ESPECÍFICAS

TEST N.º 1

Concepto de salud pública y enfermedad.
Salud pública y salud comunitaria

1. ¿Qué concepción de la salud es la más antigua del hombre?

a) La mágico-religiosa.
b) La miasmática.
c) La bacteriológica.
d) La multicausal y ecológica.

2. ¿En qué año fue definido el concepto de salud por la OMS?

a) En 1987.
b) En 1946.
c) En 1952.
d) En 1948.

3. ¿De qué están compuestos los miasmas según la química?

a) Carbono, hidrógeno y nitrógeno.
b) Oxígeno, carbono e hidrógeno.
c) Nitrógeno y oxígeno.
d) Hidrógeno y carbono.

4. ¿Quién define la salud como "el estado óptimo de un individuo que le permite llevar a cabo sus funciones de forma eficaz"?

a) Dunn.
b) Parsons.
c) Dubos.
d) Maslow.

5. ¿A qué necesidad o necesidades se les asignó la prioridad más alta en la pirámide de Maslow?

a) A las necesidades fisiológicas y de seguridad.
b) A la necesidad de pertenencia.
c) A la necesidad de autoestima.
d) A la necesidad de autorrealización.

6. ¿Quién definió la salud como "una aptitud óptima para la vida llena, fructífera y creativa?

a) Sigerid.
b) Hoysman.
c) La OMS.
d) Perpiñán.

7. ¿A qué no se refieren los aspectos sociales del concepto de salud en la actualidad?

a) Al bienestar social.
b) Al proceso de adaptación y desadaptación al medio.
c) Al trabajo social productivo.
d) A la existencia o no de incapacidades o invalideces.

8. ¿Cómo debemos entender los conceptos de salud y enfermedad?

a) Como estados diferentes y perfectamente diferenciados.
b) Como parte de un proceso único, el proceso Salud-Enfermedad.
c) Como estados diferentes pero relacionados entre sí.
d) Ninguna es correcta.

9. ¿Qué categoría adquieren ciertos comportamientos que se arraigan en la sociedad?

a) Ley.
b) Norma.
c) Los comportamientos no adquieren ninguna categoría.
d) Derecho.

10. ¿Qué enfoques posee el actual concepto de salud?

a) Fisiológico y estático.
b) Ecológico y dinámico.
c) Ecológico y estático.
d) Fisiológico y dinámico.

11. ¿Qué aspecto de estos es objetivo respecto a la enfermedad?

a) Sentir malestar.
b) Hecho de funcionar.
c) Sentir bienestar.
d) Hecho de poseer una limitación de funcionar.

12. ¿Qué agente del medio ambiente como determinante de salud es de tipo físico?

a) Anhídrido carbónico (efecto invernadero).
b) Grado de cultura.
c) Radiaciones ionizantes.
d) Virus del SIDA.

13. ¿Qué factor de estos actúa como determinante sobre la salud en cuanto a ser inadecuado, como estilo de vida?

a) Consumo de drogas.
b) Residuos urbanos e industriales.
c) Envejecimiento social.
d) No gratuidad del sistema público de salud.

14. ¿Qué determinante social de la salud se refiere al impacto del entorno físico en el bienestar de una persona?

a) Cultura.
b) Ambiente físico.
c) Empleo y condiciones laborales.
d) Redes de apoyo social y comunitario.

15. ¿Cómo se denomina la fase del período patogénico clínico donde empiezan a aparecer las primeras manifestaciones o síntomas, pero aún son escasos?

a) Fase de estado o florida.
b) Fase de incubación.
c) Fase prodrómica.
d) Fase final o de resolución.

16. ¿Qué prevención tiene por objeto durante la historia natural de la enfermedad disminuir la incidencia de enfermedades?

a) La prevención primaria.
b) La prevención secundaria.
c) La prevención terciaria.
d) La prevención cuaternaria.

17. En el adulto, la prevención primaria de salud no pasa por:

a) Control de los agentes nocivos del medio ambiente.
b) Evitación de la exposición a factores nocivos.
c) Modificación de conductas insanas.
d) Rehabilitación física y adaptación social.

18. La prevención primaria se lleva a cabo durante la enfermedad en el periodo:

a) Prepatogénico.
b) Presintomático.
c) Convaleciente.
d) Patogénico.

19. ¿Qué coste es indirecto en un programa de cribado?

a) Personal sanitario involucrado.
b) Útiles e instrumentales utilizados.
c) Repetición de una prueba diagnóstica por falso positivo o negativo.
d) Desplazamientos en vehículos ajenos o/y propios del personal sanitario.

20. ¿Quién descubrió la vacuna de la viruela?

a) Edward Jenner.
b) Johann Peter Frank.
c) Edwin Chadwick.
d) Lemuel Shattuck.

En MADTEST tienes **más preguntas de este tema**, y todos tus avances quedan registrados y se reflejan en el ranking.

¡Supera tus límites con MADTEST!

Solución al test n.º 1

1. a) La mágico-religiosa.

2. b) En 1946.

3. a) Carbono, hidrógeno y nitrógeno.

4. b) Parsons.

5. a) A las necesidades fisiológicas y de seguridad.

6. b) Hoysman.

7. a) Al bienestar social.

8. b) Como parte de un proceso único, el proceso Salud-Enfermedad.

9. b) Norma.

10. b) Ecológico y dinámico.

11. d) Hecho de poseer una limitación de funcionar.

12. c) Radiaciones ionizantes.

13. a) Consumo de drogas.

14. b) Ambiente físico.

15. c) Fase prodrómica.

16. a) La prevención primaria.

17. d) Rehabilitación física y adaptación social.

18. a) Prepatogénico.

19. c) Repetición de una prueba diagnóstica por falso positivo o negativo.

20. a) Edward Jenner.

TEST N.º 2

Equipos sanitarios. Organigramas hospitalarios y de Centros de Salud. Los Centros Residenciales y de Día para personas mayores, personas con discapacidad física o psíquica y enfermos crónicos

1. Para que pueda denominarse a un número de personas, un grupo, es preciso que concurran una serie de elementos o circunstancias. Señala la respuesta incorrecta:

a) Tener personalidad propia distinta a la de sus miembros.
b) Perfecta integración de todos sus miembros de modo que estén atemperados los caracteres de los mismos.
c) Decisión voluntaria y consciente por parte de los que lo forman.
d) Consecución de los fines individuales de los integrantes del grupo.

2. La dinámica o funcionamiento de un grupo de trabajo, desde el punto de vista subjetivo incluye factores tales como:

a) Determinación del fin a obtener de modo transparente y conocido para todos sus miembros.
b) Decisión por el superior, quien tiene en cuenta las sugerencias de todos los miembros.
c) Capacidad y eficacia en la ejecución del trabajo.
d) Ejecución a través de las funciones de cada miembro.

3. ¿Cómo se denomina al conjunto de personas que desarrolla su labor en un espacio o institución sanitaria, donde cada uno realiza su trabajo, responde individualmente del mismo y no depende directamente del trabajo de sus compañeros?

a) Equipo.
b) Organización.
c) Organigrama.
d) Grupo.

4. ¿Cómo llamamos al conjunto de personas interrelacionadas que se organizan para llevar a cabo una determinada tarea/objetivo común?

a) Equipo.
b) Organización.
c) Organigrama.
d) Grupo.

5. La integración de elementos que da como resultado algo más grande que la simple suma de estos, es decir, que todos juntos trabajando en equipo es más eficaz que la sumatoria de todos los trabajos individuales, se llama:

a) Cohesión.
b) Inercia.
c) Conexión.
d) Sinergia.

6. Para que un equipo pueda ser eficiente debe cumplir determinadas características. ¿Cuál es la que se relaciona con la capacidad de los diferentes miembros para dominar todas las parcelas del proyecto que aspiran a realizar?

a) Complementariedad.
b) Comunicación.
c) Colaboración.
d) Coordinación.

7. ¿Cuál podría ser la dificultad que surja al formar un grupo con más de diez integrantes?

a) Carecer de recursos.
b) Diluir las responsabilidades.
c) Resultar insuficiente para los objetivos propuestos.
d) Poca operatividad.

8. Señala, de las siguientes funciones, cuál no es propia del líder de un equipo:

a) Definir la misión y el papel del grupo.
b) Tomar decisiones.
c) Imbuir el espíritu de grupo.
d) Ordenar y controlar los conflictos internos.

9. En un equipo, el rol funcional de producción cuya característica principal es el dinamismo se llama:

a) Colaborador.
b) Iniciador.

c) Activador.
d) Empatizador.

10. El entusiasmo ante los obstáculos y la resistencia ante la frustración son factores que influyen en el funcionamiento de un grupo y se estudia desde un punto de vista:

a) Subjetivo.
b) Objetivo.
c) Imparcial.
d) Homogéneo.

11. ¿En qué tipo de conjunto de personas es necesaria la coordinación que propicia la estrecha colaboración y, por tanto, la cohesión?

a) Grupo de trabajo.
b) Equipo.
c) Organización.
d) Formación.

12. ¿Cuál es el objetivo último de todos los miembros de los equipos de salud?

a) La sinergia.
b) La mejora de la salud de la población.
c) La visión global de la salud de la población.
d) La atención multidisciplinar de la salud de la población.

13. El funcionamiento en equipos aporta ciertos beneficios. Señala la respuesta incorrecta:

a) Permite organizarse de una manera mejor.
b) Aumenta la carga de trabajo, aunque dicha carga es compartida con los demás.
c) Aumenta la motivación de los profesionales.
d) Mejora la calidad de los resultados.

14. La acción encaminada a impulsar el comportamiento de otras personas en una determinada dirección, que se estime conveniente, se llama:

a) Aprendizaje.
b) Compromiso.
c) Cohesión.
d) Motivación-Incentivación.

15. Se hace necesario constituir un equipo de trabajo multidisciplinar cuando:

a) El trabajo es tedioso.
b) Las actividades a realizar presentan un nivel alto de complejidad.

c) Las actividades admiten pocas variables.

d) Se trabaja en una sola especialidad profesional.

16. La puesta en marcha de un equipo de trabajo es un proceso complejo que pasa por diferentes etapas. Indica cuál de las siguientes corresponde a la etapa de "acoplamiento":

a) Una vez superados los enfrentamientos personales, el proyecto sale adelante.

b) Suele predominar la disponibilidad y la visión positiva.

c) Afloran diferentes puntos de vista.

d) El equipo entra en una fase muy productiva.

17. El estudio de un objetivo se realiza a partir de varias disciplinas las cuales pueden colaborar entre sí para obtener un resultado en conjunto, aunque estas no deben perder sus códigos o leyes propias en un:

a) Equipo pluridisciplinar.

b) Equipo transdisciplinar.

c) Equipo multidisciplinar.

d) Equipo interdisciplinar.

18. Es un grupo de profesionales especializados en diferentes áreas que trabajan de forma conjunta interactuando, compartiendo información, conocimientos o habilidades trascendiendo su propio espacio disciplinar:

a) Equipo pluridisciplinar.

b) Equipo transdisciplinar.

c) Equipo multidisciplinar.

d) Equipo interdisciplinar.

19. Corresponde al Director Gerente del hospital el ejercicio de las siguientes funciones, excepto una. Indica cuál:

a) Asegurar el desarrollo del programa de actividad y control de calidad asistencial, así como la organización y control de la docencia e investigación.

b) La ordenación de los recursos humanos, físicos, financieros del hospital mediante la programación, dirección, control y evaluación de su funcionamiento en el conjunto de sus divisiones, y con respecto a los servicios que presta.

c) Elaborar informes periódicos sobre la actividad del hospital y presentar anualmente la memoria de gestión.

d) La adopción de medidas para hacer efectiva la continuidad del funcionamiento del hospital, especialmente en los casos de crisis, emergencias, urgencias u otras circunstancias similares.

20. ¿Cuál es el órgano colegiado de dirección del hospital?

a) La dirección gerencia.
b) La comisión de dirección.
c) La junta técnico-asistencial.
d) La comisión central de asistencia.

En MADTEST tienes **más preguntas de este tema**, y todos tus avances quedan registrados y se reflejan en el ranking.

¡Supera tus límites con MADTEST!

Solución al test n.º 2

1. d) Consecución de los fines individuales de los integrantes del grupo.

2. c) Capacidad y eficacia en la ejecución del trabajo.

3. d) Grupo.

4. a) Equipo.

5. d) Sinergia.

6. a) Complementariedad.

7. d) Poca operatividad.

8. b) Tomar decisiones.

9. c) Activador.

10. a) Subjetivo.

11. b) Equipo.

12. b) La mejora de la salud de la población.

13. b) Aumenta la carga de trabajo, aunque dicha carga es compartida con los demás.

14. d) Motivación-Incentivación.

15. b) Las actividades a realizar presentan un nivel alto de complejidad.

16. a) Una vez superados los enfrentamientos personales, el proyecto sale adelante.

17. a) Equipo pluridisciplinar.

18. b) Equipo transdisciplinar.

19. a) Asegurar el desarrollo del programa de actividad y control de calidad asistencial, así como la organización y control de la docencia e investigación.

20. b) La comisión de dirección.

TEST N.º 3

Habitación y aseo de la persona enferma

1. En una habitación de hospital habrá tantas unidades de pacientes como:

a) Pacientes haya en el hospital (incluido consultas externas).
b) Número de camas.
c) Pacientes haya en el hospital dividido por factor de corrección constante.
d) Número de camas multiplicado por factor de corrección constante.

2. ¿Qué útil o herramienta no debe poseer la unidad del paciente tipo?

a) Lencería de cama y accesorios.
b) Lámpara de luz directa.
c) Timbre de alarma.
d) Toma de oxígeno.

3. ¿De qué color deben ser pintados las paredes den una habilitación de un hospital?

a) Negro u oscuro.
b) Marrón claro o amarillo.
c) Blanco mate.
d) Ninguno de los anteriores.

4. La altura de los techos mínima (en cm) de la habitación del paciente debe ser:

a) 220.
b) 250.
c) 270.
d) 285.

5. ¿Cuánto tiempo al día habrá que abrir ventanas para ventilar, si el hospital no dispone de aire acondicionado o está averiado?

a) 10 a 15 minutos, en diferentes intervalos.
b) 30 a 45 minutos, en diferentes intervalos.
c) 1 a 2 horas, en diferentes intervalos.
d) Más de 4 horas en diferentes intervalos.

6. Respecto a la sonorización en la unidad del paciente, todo lo que se dice es cierto, excepto que:

a) El Técnico de cuidados de enfermería debe velar a la hora del descanso de que no se produzcan ruidos.
b) El personal sanitario utilizará calzado con suela dura, para que dicho ruido dé pista al enfermo y se sepa dónde se localiza.
c) Las habitaciones deben ser tranquilas y sin ruidos, ya que un excesivo ruido ambiental afectaría al enfermo.
d) Los modernos hospitales están construidos teniendo en cuenta la necesidad de un aislamiento acústico de las habitaciones.

7. Los límites que se consideran aceptables de humedad en habitación del enfermo oscilan entre:

a) 20-30 %.
b) 30-40 %.
c) 40-60 %.
d) 65-85 %.

8. ¿Qué es incorrecto del cuarto de baño de la habitación del paciente?

a) Debe poseer todas las piezas de un baño completo.
b) No es necesario que presente barras de seguridad en sanitarios ni en ducha o/y bañera.
c) El baño está incorporado a las habitaciones.
d) Debe poseer medidas de seguridad para evitar accidentes.

9. ¿Qué parte corporal aloja el segmento móvil central del somier metálico de la cama articulada?

a) Tórax.
b) Abdomen.
c) Pelvis.
d) Extremidades superiores.

10. ¿Cómo se denomina también a la cama ortopédica o traumatológica?

a) Cama de Judet.
b) Potro ginecológico.
c) Somier.
d) Bouchat.

11. ¿Qué tipo de cama está indicada para pacientes que sufren fracturas de las extremidades?

a) Cama ortopédica de Judet.
b) Cama hospitalaria.
c) Cama de levitación.
d) Cama Electrocircular o de Striker.

12. El denominado potro se emplea para:

a) Encamar a quemados.
b) Exploración ginecológica.
c) Encamar a pacientes con UPP.
d) Encamar a enfermos con grandes traumatismos.

13. La incubadora se emplea para alcanzar todos los objetivos que se exponen, excepto:

a) Proporcionar O_2.
b) Conservar el calor corporal y mantener la humedad.
c) Prevenir las infecciones.
d) Evitar fracturas indeseadas.

14. El armazón para el volteo Foster se emplea:

a) Para facilitar al paciente la respiración.
b) Para el cambio postural.
c) Evitar infecciones micóticas.
d) Para liberar de estrés al paciente.

15. ¿Hasta qué grado de giro permite el volteo la cama de Striker?

a) Hasta los 30º.
b) Hasta los 60º.
c) Hasta los 90º.
d) Hasta los 180º.

16. ¿De qué otra cama es variante la cama libro?

a) De la cama de levitación.
b) De la cama de exploración o potro ginecológico.
c) De la cama articulada.
d) De la cama Striker.

17. ¿Para qué tipo de pacientes se emplea la cama de levitación?

a) Con fractura de miembros superiores.
b) En grandes quemados.
c) En enfermos con úlceras por presión.
d) Las opciones b) y c) son correctas.

18. La cama roto-rest se emplea en:

a) Prevención de infecciones en general.
b) Prevención de infecciones en quemados.
c) Inmovilización de pacientes.
d) Prevención de úlceras por presión (UPP).

19. ¿Qué función posee la barra de tracción?

a) Protector de metal lateral, que evita caídas del enfermo de la cama.
b) Dar mayor rigidez a la cama hospitalaria.
c) Facilitar la incorporación del enfermo.
d) Adaptar al paciente a la cabecera de la cama.

20. ¿Qué dispositivo o accesorio de la cama hospitalaria es aquel que se coloca sobre el enfermo para que la ropa de la cama descanse sobre él y evitar al paciente el peso de la misma?

a) Férula de acero.
b) Centinelas de cama.
c) Pupitre.
d) Soporte.

En MADTEST tienes **más preguntas de este tema**, y todos tus avances quedan registrados y se reflejan en el ranking.

¡Supera tus límites con MADTEST!

Solución al test n.º 3

1. b) Número de camas.

2. b) Lámpara de luz directa.

3. c) Blanco mate.

4. b) 250 cm.

5. a) 10 a 15 minutos, en diferentes intervalos.

6. b) El personal sanitario utilizará calzado con suela dura, para que dicho ruido dé pista al enfermo y se sepa dónde se localiza.

7. c) 40-60 %.

8. b) No es necesario que presente barras de seguridad en sanitarios ni en ducha o/y bañera.

9. c) Pelvis.

10. a) Cama de Judet.

11. a) Cama ortopédica de Judet.

12. b) Exploración ginecológica.

13. d) Evitar fracturas indeseadas.

14. b) Para el cambio postural.

15. d) Hasta los 180º.

16. c) De la cama articulada.

17. d) Las opciones b) y c) son correctas.

18. b) Prevención de infecciones en quemados.

19. c) Facilitar la incorporación del enfermo.

20. a) Férula de acero.

TEST N.º 4

Limpieza, desinfección y esterilización del material.
Técnicas de aislamiento

1. ¿Qué tipo de agentes utiliza más frecuentemente la asepsia para conseguir matar y eliminar los microorganismos?

a) Agentes mecánicos.
b) Agentes físicos.
c) Agentes biológicos.
d) Agentes químicos.

2. El material estéril:

a) No posee ningún tipo de microorganismo patógeno.
b) No posee gérmenes tipo virus, bacterias y hongos.
c) No posee ningún tipo de microorganismo patógeno, ni microorganismo no patógeno, e incluso ni siquiera sus formas de resistencia.
d) No posee ningún tipo de microorganismo patógeno y no patógeno.

3. ¿Qué termino es sinónimo de antisepsia en la práctica?

a) Descontaminación.
b) Desinfección.
c) Esterilización.
d) Desinfestación.

4. ¿Cómo se denomina al conjunto de técnicas destinadas a la eliminación de los artrópodos?

a) Desinsectación.
b) Desinfección.
c) Esterilización.
d) Desinfestación.

5. ¿Qué insecticidas en la práctica se consideran los más importantes?

a) Asfixiantes.
b) Fumigantes.
c) Repelentes.
d) Por contacto.

6. ¿A qué grupo de insecticidas pertenece el famoso DDT?

a) Asfixiantes.
b) Fumigantes.
c) Repelentes.
d) Por contacto.

7. ¿Dónde incluirías a la aguja de Reverdin en la clasificación del instrumental quirúrgico?

a) En instrumental de Hemostasia.
b) En instrumental de sutura.
c) En instrumental de disección.
d) En instrumental de corte.

8. Dentro de la clasificación de bisturíes entra:

a) Tijeras para suturas.
b) Pinzas de Kelly.
c) Las lancetas.
d) Catgut.

9. Las pinzas utilizadas para hemostasia de menor tamaño son:

a) Pean.
b) Kelly.
c) Kocher.
d) Mosquito.

10. El instrumental quirúrgico de síntesis es el instrumental:

a) De talla o campo.
b) De sutura.
c) De hemostasia.
d) De exposición.

11. ¿Mediante qué procedimiento hoy día en los autoclaves modernos se comprueban las condiciones físicas de los aparatos?

a) Mediante impresión de los registros o gráfico directo de los registros de presión, tiempo y temperatura.
b) Mediante sensor térmico.
c) Mediante sensor de presión.
d) Mediante sensor de variables.

12. ¿Cuál de estos métodos de control no corresponde a controles físicos?

a) Los termómetros.
b) Los manómetros.
c) Los tubos testigos.
d) Los medidores de humedad.

13. ¿Dónde se colocan los indicadores colorimétricos como medio de control químico esencialmente térmico que comprueban si la esterilización ha funcionado?

a) Se colocan dentro del paquete a esterilizar y en zonas del interior del autoclave de difícil acceso.
b) Se colocan en el exterior en forma de cinta autoadhesiva y en zonas del interior del autoclave de difícil acceso.
c) Se colocan en el exterior en forma de cinta autoadhesiva y dentro del paquete.
d) Se colocan en el exterior en forma de cinta autoadhesiva, dentro del paquete y en zonas del interior del autoclave de difícil acceso.

14. ¿Qué técnicas de medio de control químico (testigo) se realizan en esterilización?

a) Técnicas azufradas.
b) Técnicas colorimétricas.
c) Técnicas olorimétricas.
d) Las respuestas a) y c) son correctas.

15. ¿De qué depende el período que dura una esterilización?

a) Depende del tipo de control biológico realizado y del tipo de envoltorio empleado.
b) Depende del tipo de envoltorio utilizado y del medio de transporte empleado.
c) Depende del tipo de envoltorio utilizado, de las condiciones de almacenamiento, del tipo de material, y del transporte empleado, entre otros.
d) Depende del tipo de control físico, químico y biológico realizado.

16. ¿Qué se emplea para el transporte del material esterilizado si es voluminoso?

a) Se utilizan grúas especiales.
b) Se utilizan carretillas abiertas.

c) Se utilizan bolsas de plástico cerradas.
d) Se utilizan carros herméticos.

17. El material esterilizado que se vaya a almacenar en las plantas debe ser utilizado en:

a) 6-12 horas.
b) 24-48 horas.
c) 48-72 horas.
d) 72-96 horas.

18. ¿Cuál es el tiempo de caducidad del material esterilizado dentro de las bolsas o papel mixto envasado doble y empleado para autoclaves?

a) De 3 meses.
b) De 6 meses.
c) De 9 meses.
d) De 12 meses.

19. ¿Cuál es el tiempo de caducidad del material esterilizado en las condiciones de triple barrera?

a) 1 mes.
b) 2 meses.
c) 3 meses.
d) 6 meses.

20. ¿Cuál es el tiempo de caducidad del material esterilizado dentro de los contenedores con protección de filtro?

a) 1 mes.
b) 2 meses.
c) 3 meses.
d) 6 meses.

Solución al test n.º 4

1. b) Agentes físicos.

2. c) No posee ningún tipo de microorganismo patógeno, ni microorganismo no patógeno, e incluso ni siquiera sus formas de resistencia.

3. b) Desinfección.

4. a) Desinsectación.

5. d) Por contacto.

6. d) Por contacto.

7. b) En instrumental de sutura.

8. c) Las lancetas.

9. d) Mosquito.

10. b) De sutura.

11. a) Mediante impresión de los registros o gráfico directo de los registros de presión, tiempo y temperatura.

12. c) Los tubos testigos.

13. d) Se colocan en el exterior en forma de cinta autoadhesiva, dentro del paquete y en zonas del interior del autoclave de difícil acceso.

14. b) Técnicas colorimétricas.

15. c) Depende del tipo de envoltorio utilizado, de las condiciones de almacenamiento, del tipo de material, y del transporte empleado, entre otros.

16. d) Se utilizan carros herméticos.

17. b) 24-48 horas.

18. d) De 12 meses.

19. c) 3 meses.

20. d) 6 meses.

Posiciones y mecánica corporal.
Movilización de los pacientes

1. ¿Cómo se llama también la posición de antiTrendelenburg?

a) La posición de litotomía.
b) La posición de Morestin.
c) La posición de Roser.
d) La posición de Sims.

2. La posición mahometana es:

a) La posición de litotomía.
b) La posición de Fowler.
c) La posición de Morestin.
d) La posición genupectoral.

3. ¿Cuál de estas posiciones es quirúrgica?

a) Posición de Fowler.
b) Posición de decúbito supino.
c) Posición de Morestin.
d) Posición de decúbito prono.

4. ¿Cuál de estas posiciones consideras quirúrgica?

a) Posición de Trendelenburg.
b) Posición de decúbito prono.
c) Posición de Fowler.
d) Posición de Sims.

5. La posición de Kraske se emplea en:

a) Pacientes que presenten problemas digestivos con reflujo gastrointestinal, hernias de hiato y enfermedades respiratorias.

b) Pacientes que presenten problemas cardíacos.
c) Cirugía coxígea.
d) Posición antishock.

6. La posición de laminectomía se emplea en:

a) Exploración de recto y previa a colonoscopias.
b) Intervenciones de hernias discales a nivel lumbar o torácico del raquis.
c) Cirugía digestiva de intestino grueso.
d) Intervenciones de vesícula biliar y previa a laparoscopia.

7. La posición de craneotomía se emplea en:

a) Intervenciones de mama.
b) Intervenciones de tórax.
c) Operaciones donde es necesaria la rotura ósea de cráneo.
d) Intervenciones de hernias discales.

8. ¿Para qué exploración se emplea la posición de navaja sevillana?

a) Coxis.
b) Axis.
c) Hemorroides.
d) Uréteres.

9. ¿En qué cavidad de nuestra corporalidad se encuentra la cavidad peritoneal?

a) En la cavidad pélvica.
b) En la cavidad abdominal.
c) En la cavidad torácica.
d) En la cavidad mediastínica.

10. ¿Cómo se denomina el movimiento de alejamiento del plano medio?

a) Flexión.
b) Eversión.
c) Abducción.
d) Rotación.

11. El desarrollo de un programa de ejercicios encaminado a conseguir el restablecimiento de las funciones disminuidas por la enfermedad es:

a) Movilización.
b) Fisioterapia.
c) Masoterapia.
d) Nada de lo anterior.

12. ¿Qué causa física del inmovilismo es fisiológica?

a) La artrosis.
b) La osteoporosis.
c) La enfermedad de Parkinson.
d) Las producidas por el envejecimiento de las personas.

13. Considerando exclusivamente la fuerza, el ángulo de tracción óptimo para cualquier músculo es de:

a) 30 grados.
b) 45 grados.
c) 60 grados.
d) 90 grados.

14. Las úlceras por presión se evitan:

a) Con una sistemática de cambios posturales frecuentes.
b) La necesidad de una aplicación adecuada de buenas posiciones no es prioritaria.
c) Tomando todos los días la medicación recomendada.
d) Son ciertas las respuestas a) y c).

15. ¿Qué paso a seguir es incorrecto en el procedimiento para mover a un enfermo hacia el borde de la cama?

a) El auxiliar se ubicará en el lado de la cama hacia donde se moverá al enfermo.
b) Quitar toda la ropa de la cama, incluso la sábana encimera.
c) Colocar el brazo del paciente que se encuentre más cercano a nosotros a lo largo de su tórax.
d) Colocar un pie delante del otro y flexionar las rodillas.

16. ¿Qué es falso del procedimiento de ayudar a un enfermo a ponerse de pie desde la cama colocando previamente al mismo en posición de decúbito lateral?

a) Elevar el segmento superior de la cama hasta conseguir un ángulo comprendido entre 45 y 60º.
b) Nos colocamos en la posición opuesta a las caderas del paciente y pasamos nuestro brazo más cercano a los hombros del enfermo por debajo de ellos, mientras que el otro brazo lo colocamos sobre el muslo más lejano.
c) Girar hacia la pierna de detrás de forma que las piernas del paciente se columpien hacia adelante y nuestro peso cambie a la pierna de atrás y con ello logramos que el enfermo esté sentado en el borde de la cama.
d) El tipo de posicionamiento previo en decúbito lateral debe ser el contrario con el lado hacia el cual se va a levantar al paciente.

17. ¿Qué maniobra es la primera que hay que hacer si queremos transferir un enfermo de la cama a un sillón?

a) Colocar el sillón paralelo a la cama y a la altura de los pies.
b) Colocar al paciente en la orilla de la cama.
c) Sentar al paciente en la cama con las piernas por fuera.
d) Colocar el sillón paralelo al familiar del paciente.

18. ¿Qué pacientes requerirán de mayor atención del TCAE para cubrir sus necesidades básicas y para llevar a cabo con ellos posturas corregidas para evitar que se produzcan complicaciones? Enfermos...

a) No colaboradores.
b) Con traumatismo espinal con un aumento de la presión intracraneal.
c) Hemipléjicos.
d) Ninguno de los anteriores.

19. ¿Cuántos kg se aplican en la tracción esquelética para obtener el efecto terapéutico?

a) 3 a 6.
b) 4,5 a 8.
c) 7 a 12.
d) 10 a 20.

20. ¿Quién debe supervisar los sistemas y conexiones del respirador, así como los tubos y cánulas, para proceder de forma adecuada a la movilización de un paciente asistido por ventilación artificial?

a) Un celador.
b) Un Técnico en Cuidados Auxiliares de Enfermería.
c) Un diplomado en enfermería.
d) Puede supervisarlo cualquiera de los anteriores

En MADTEST tienes **más preguntas de este tema**, y todos tus avances quedan registrados y se reflejan en el ranking.

¡Supera tus límites con MADTEST!

Solución al test n.º 5

1. b) La posición de Morestin.

2. d) La posición genupectoral.

3. c) Posición de Morestin.

4. a) Posición de Trendelenburg.

5. c) Cirugía coxígea.

6. b) Intervenciones de hernias discales a nivel lumbar o torácico del raquis.

7. c) Operaciones donde es necesaria la rotura ósea de cráneo.

8. c) Hemorroides.

9. b) En la cavidad abdominal.

10. c) Abducción.

11. a) Movilización.

12. d) Las producidas por el envejecimiento de las personas.

13. d) 90 grados.

14. a) Con una sistemática de cambios posturales frecuentes.

15. b) Quitar toda la ropa de la cama, incluso la sábana encimera.

16. d) El tipo de posicionamiento previo en decúbito lateral debe ser el contrario con el lado hacia el cual se va a levantar al paciente.

17. a) Colocar el sillón paralelo a la cama y a la altura de los pies.

18. c) Hemipléjicos.

19. c) 7 a 12.

20. c) Un diplomado en enfermería.

TEST N.º 6

Constantes vitales. Gráfica del enfermo

1. ¿En la toma de qué constante vital no hay que avisar al enfermo acerca de lo que se le va a hacer?

a) Temperatura.
b) Pulso.
c) Respiración.
d) Tensión arterial.

2. ¿Qué afirmación es incorrecta de las acciones a seguir por el TCAE, cuando se observa alguna cuestión fuera de lo normal en la toma de constantes vitales?

a) Nunca debe dejar registrado su nombre en la hoja de incidencias de enfermería pero siempre el del paciente.
b) Debe dejar constancia por escrito en la hoja de incidencias de enfermería de todo aquello que sea considerado como fuera de lo normal.
c) Debe informar objetivamente al enfermero/a responsable del paciente de todo aquello que sea considerado como fuera de lo normal.
d) Debe dejar por escrito en la hoja de incidencias de enfermería la hora a la que se ha realizado la observación y el día que ha ocurrido, así como cuál ha sido su actuación ante aquello considerado como fuera de lo normal.

3. En el área de pediatría y urgencias en hospitales se está implantando el termómetro de:

a) Columna de mercurio.
b) Columna de galio.
c) Cristal de mercurio.
d) Sensor timpánico.

4. La temperatura bucal se puede tomar en:

a) Niños menores de 6 años.
b) Pacientes en coma.

c) Pacientes con agitación psicomotriz.
d) Niños mayores de 6 años.

5. Existe taquicardia por encima de:

a) 75 pulsaciones/minuto.
b) 85 pulsaciones/minuto.
c) 95 pulsaciones/minuto.
d) 100 pulsaciones/minuto.

6. ¿Cómo se denomina aquel pulso que se percibe con facilidad y que produce gran amplitud en el vaso que se palpa?

a) Fuerte.
b) Pleno.
c) Rebotante.
d) Filiforme.

7. El pulso central o apical se toma:

a) En la punta del corazón.
b) En la zona central del muslo.
c) En el cuello (es sinónimo del yugular).
d) En la zona central del brazo.

8. ¿Cuál de estas consideras una razón sustancial y etiopatogénica para tomar el pulso?

a) Para valorar la frecuencia, el ritmo, el volumen y la tensión del pulso, que pueden reflejar un problema general.
b) Para identificar a un sujeto.
c) Para valorar el estado de salud del sujeto.
d) Para conocer la edad del individuo.

9. ¿Cuál de estas es considerada una posición adecuada para tomar el pulso?

a) Posición de bipedestación.
b) Posición de sentado.
c) Posición de decúbito prono.
d) Son válidas las respuestas a) y b).

10. La ausencia de respiración se denomina:

a) Apnea.
b) Hipernea.

c) Ortopnea.
d) Ripnea.

11. La serie de respiraciones irregulares en profundidad, interrumpidas por intervalos de apnea se denomina respiración de:

a) Biot.
b) Bouchut.
c) Kussmaul.
d) Cheyne-Stokes.

12. ¿En qué tipo de gráficas existe un apartado también para la medicación?

a) En Gráficas mensuales.
b) En Gráficas semanales.
c) En Gráficas ordinarias.
d) En Gráficas especiales.

13. En ausencia de patología, en el ritmo respiratorio normal la fase inspiratoria es más corta que la espiratoria en una proporción:

a) 2:1.
b) 3:1.
c) 4:1.
d) 5:1.

14. En un adulto joven y sano la presión sistólica es de:

a) 180 mmHg.
b) 155 mmHg.
c) 130 mmHg.
d) 100 mmHg.

15. La temperatura ambiente a la hora de tomar la tensión arterial debe estar sobre los:

a) 10 ºC.
b) 22 ºC.
c) 30 ºC.
d) 35 ºC.

16. La hipotensión postural se denomina también:

a) Idiopática.
b) Esencial.

c) Ortostática.
d) Paradójica.

17. Los valores normales para la vena cava de PVC es de:

a) 0 y 4 cm de H_2O.
b) 2 y 6 cm de H_2O.
c) 6 y 12 cm de H_2O.
d) 14 a 20 cm de H_2O.

18. ¿Cuál es el componte más importante del cuerpo humano?

a) El sodio.
b) El postasio.
c) El agua.
d) La sal.

19. El espacio situado entre las células se denomina espacio:

a) Extracelular.
b) Intracelular.
c) Intersticial.
d) Intravascular.

20. ¿Cuál es el catión más abundante en el espacio intracelular?

a) Sodio.
b) Hidrógeno.
c) Potasio.
d) Cloruro.

En MADTEST tienes **más preguntas de este tema**, y todos tus avances quedan registrados y se reflejan en el ranking.

¡Supera tus límites con MADTEST!

Solución al test n.º 6

1. c) Respiración.

2. a) Nunca debe dejar registrado su nombre en la hoja de incidencias de enfermería pero siempre el del paciente.

3. d) Sensor timpánico.

4. d) Niños mayores de 6 años.

5. d) 100 pulsaciones/minuto.

6. b) Pleno.

7. a) En la punta del corazón.

8. a) Para valorar la frecuencia, el ritmo, el volumen y la tensión del pulso, que pueden reflejar un problema general.

9. b) Posición de sentado.

10. a) Apnea.

11. a) Biot.

12. d) En Gráficas especiales.

13. b) 3:1.

14. c) 130 mmHg.

15. h) 22 ºC.

16. c) Ortostática.

17. c) 6 y 12 cm de H_2O.

18. c) El agua.

19. c) Intersticial.

20. c) Potasio.

TEST N.º 7

Instrumental y carro de curas.
Enemas, sondas y drenajes

1. De los siguientes materiales, ¿cuáles se colocan en la parte inferior de un carro de curas?

a) Guantes estériles.
b) Frascos con antisépticos a emplear.
c) Vendas.
d) Apósitos.

2. Para realizar un sondaje nasogástrico, se precisa:

a) Guantes.
b) Lubricante.
c) Batea.
d) Todos.

3. ¿Qué tipo de sonda es la más utilizada en un sondaje nasogástrico?

a) Sonda de Foucher.
b) Sonda de Salem.
c) Sonda de Cantor.
d) Sonda de Levin.

4. ¿En qué caso está contraindicado la realización de un enema de limpieza a un paciente encamado?

a) Obstrucción intestinal.
b) Asma.
c) Antes de cirugía abdominal.
d) Estreñimiento.

5. La lavativa de Harris es un tipo de enema:

a) Para expulsar gases.
b) Para matar o inactivar microorganismos.
c) Para incorporar gran cantidad de líquido en el recto.
d) Para destruir lombrices intestinales.

6. El enema oleoso o moliente se utiliza para:

a) Incorporar líquido en el recto.
b) Lubricar y proteger la mucosa.
c) Administrar medicamentos sedantes.
d) Alimentar el organismo.

7. La lavativa de Harris es un enema:

a) Carminativo.
b) Antiséptico.
c) Gota a gota.
d) Alimenticio.

8. El enema moliente está compuesto de:

a) Agua y sal.
b) Aceite de oliva puro.
c) Agua y glicerina.
d) Sustancias nutritivas.

9. El enema opaco es un enema:

a) De limpieza.
b) Alimenticio.
c) De retención.
d) Para matar o inactivar microorganismos.

10. En la historia clínica de un paciente de la unidad de digestivo se prescribe la realización del denominado enema baritado; ¿para qué se utiliza este tipo de enema?

a) Para lubricar la mucosa del recto.
b) Para introducir medicamentos.
c) Para facilitar el diagnóstico de determinadas patologías.
d) Para extraer fecalomas.

11. La posición para administrar un enema de limpieza es:

a) Trendelenburg.
b) Sims.
c) Fowler.
d) Genupectoral.

12. Las características de las heces en una colostomía ascendente son:

a) Son semilíquidas y continuas.
b) Van de semilíquido a sólido y con una frecuencia de eliminación de 1 a 2 veces al día.
c) Son sólidas y con una frecuencia de eliminación de 1 a 2 veces al día.
d) Las mismas características que la colostomía sismoidea.

13. ¿Cuál de los siguientes alimentos provocará más olor en las heces de un paciente con una colostomía?

a) Coliflor.
b) Mantequilla.
c) Yogurt.
d) Cítricos.

14. El tipo de urostomía que consiste en la implantación o inserción de un catéter en la pelvis renal se llama:

a) Ureterostomía cutánea.
b) Ureteroileostomía.
c) Nefrostomía.
d) Citostomía.

15. Entre las complicaciones de los estomas, aquella que se caracteriza por presentar un estoma elongado y edematoso con retorno deficiente de la solución de irrigación se denomina:

a) Prolapso.
b) Retracción.
c) Ulceración.
d) Herniación.

16. La sonda de Foley:

a) Presenta un balón que podemos llenar con aire o suero.
b) No se puede conectar a un sistema de aspiración.

c) Presenta un balón que debemos llenar con 15 ml de suero.
d) Las respuestas a) y b) son ciertas.

17. ¿Cuál de las siguientes características pertenece a la sonda de Foley?

a) Es una sonda semirrígida.
b) Tiene una sola luz.
c) Es una sonda flexible.
d) Se inserta quirúrgicamente.

18. ¿Cuál de las siguientes sondas vesicales es de dos o tres luces?

a) Sonda de Foley.
b) Sonda de Robinson.
c) Sonda de Malecot.
d) Sonda de Pezzer.

19. ¿Cuántas vías de entrada tiene una sonda de Malecot?

a) Una.
b) Dos.
c) Tres.
d) Cuatro.

20. La sonda de Foley se corresponde con:

a) Sonda de una vía.
b) Sonda de cinco vías.
c) Sonda de dos vías.
d) Sonda de cuatro vías.

En MADTEST tienes **más preguntas de este tema**, y todos tus avances quedan registrados y se reflejan en el ranking.

¡Supera tus límites con MADTEST!

Solución al test n.º 7

1. c) Vendas.

2. d) Todos.

3. d) Sonda de Levin.

4. a) Obstrucción intestinal.

5. a) Para expulsar gases.

6. b) Lubricar y proteger la mucosa.

7. a) Carminativo.

8. b) Aceite de oliva puro.

9. c) De retención.

10. c) Para facilitar el diagnóstico de determinadas patologías.

11. b) Sims.

12. a) Son semilíquidas y continuas.

13. a) Coliflor.

14. c) Nefrostomía.

15. a) Prolapso.

16. a) Presenta un balón que podemos llenar con aire o suero.

17. c) Es una sonda flexible.

18. d) Sonda de Foley.

19. a) Una.

20. c) Sonda de dos vías.

TEST N.º 8

La recogida de muestras biológicas. Observaciones de las eliminaciones del enfermo

1. ¿Qué normativa de investigación biomédica define muestra biológica, como cualquier material biológico de origen humano susceptible de conservación y que pueda albergar información sobre la dotación genética característica de una persona?

a) Ley 14/2007.
b) Ley 22/2015.
c) Real Decreto 344/2009.
d) Real Decreto 431/2012.

2. Generalmente, cuando pretendemos identificar la presencia de gérmenes en muestras biológicas estamos realizando un estudio:

a) Hematológico.
b) Inmunológico.
c) Microbiológico.
d) Bioquímico.

3. ¿En qué tipo de muestras biológicas se realizan la mayoría de las pruebas de laboratorio?

a) Líquidos corporales.
b) Exudados.
c) Tejidos.
d) Heces.

4. ¿Qué tipo de envase se emplea para recoger la muestra resultante de una punción capilar?

a) Frascos de boca estrecha.
b) Hisopos.
c) Frascos de llenado por vacío.
d) Microtubos.

5. ¿Qué procedimiento de toma de muestra se emplea más habitualmente cuando estas se llevan a cabo tanto en orificios naturales como en heridas?

a) Mediante frasco de boca ancha.
b) Mediante hisopo.
c) Mediante bolsa de recogida de orina o análogo.
d) Mediante frasco de boca estrecha.

6. ¿Qué medio evita la desecación y muerte de los microorganismos recogidos con un hisopo estéril?

a) El medio de Schwann.
b) El medio de Petri.
c) El medio de Stuart.
d) El medio de Lindor.

7. ¿Qué se puede hacer para evitar una excesiva proliferación bacteriana en una toma de muestra y que así no se altere sustancialmente su resultado analítico?

a) Realizarla con premura, ya que no admite demora.
b) Refrigerando la muestra en los casos necesarios.
c) No se suele hacer nada en particular.
d) Son ciertas las respuestas a) y b).

8. ¿Qué se debe identificar y comprobar antes de los procedimientos de toma de muestra?

a) Usuario al que se le van a realizar los procedimientos.
b) Impresos y protocolos de petición analítica.
c) Requerimientos y preparación previa del paciente.
d) Todo lo anterior.

9. ¿Cómo se denomina la fase que abarca todos los procedimientos relacionados directamente con el procesamiento de la muestra?

a) Fase pre-analítica.
b) Fase extra-analítica.
c) Fase analítica.
d) Fase post-analítica.

10. Todo lo que se expone de la viscosidad de la sangre es cierto, excepto que:

a) La sangre posee viscosidad.
b) La sangre venosa es menos viscosa que la arterial, ya que posee más CO_2 que la segunda.
c) La viscosidad de la sangre depende de su contenido en células y del tamaño de las mismas.
d) El aumento de los niveles normales de proteínas en sangre la hacen más viscosa.

11. ¿Para qué estudio se emplea el tubo donde se toma la muestra de sangre venosa con tapón de color verde?

a) Hemograma.
b) Plaquetas en suero.
c) Inmunología y bioquímica.
d) Estudios de velocidad de sedimentación globular.

12. ¿Dónde se realiza la punción capilar?

a) En el pulpejo del dedo.
b) En el lóbulo de la oreja.
c) En la planta del pie (talón).
d) Son ciertas las respuestas a) y b).

13. Generalmente, para la extracción venosa, si el estudio a realizar es bioquímico, el paciente debe estar en ayunas:

a) 4-6 horas.
b) 10-12 horas.
c) 12-24 horas.
d) Más de 24 horas.

14. El personal que realiza la técnica de extracción de sangre venosa es:

a) El facultativo.
b) El hematólogo.
c) El diplomado de enfermería.
d) El Técnico en Cuidados Auxiliares de Enfermería.

15. El test de Allen nos sirve para asegurar:

a) Que la arteria cubital irriga normalmente, si extraemos sangre de la arteria radial.
b) La circulación adecuada de la región de la mano, comprometida en la extracción.
c) Que la arteria humeral irriga normalmente, si extraemos sangre de la arteria radial.
d) Son ciertas las respuestas a) y b).

16. ¿Qué anticoagulante se emplea más habitualmente en los útiles y frascos empleados para las tomas de muestras sanguíneas, esencialmente empleadas en gasometría arterial?

a) Heparina.
b) Penicilina.
c) Metotrexate.
d) Clorhídrico.

17. ¿Para qué se emplea la técnica de los tres vasos en recogida de orina?

a) Para detectar de dónde proviene la infección.
b) Para detectar de dónde proviene la neoformación.
c) Para detectar de dónde proviene la hematuria.
d) Para cualquiera de lo indicado anteriormente.

18. ¿A qué puede deberse la presencia de una orina de coloración negra o marrón oscura en una muestra?

a) A sangre oculta.
b) A metahemoglobina o melanina o enfermo alcaptonúrico.
c) A carboxihemoglobina o melatonina o enfermo de patología de Harnup.
d) A oxihemoglobina o melatonina.

19. ¿En qué circunstancias se debe conservar la muestra de orina para urocultivo si no puede ser procesada inmediatamente?

a) Se debe de mantener a una temperatura de (- 5 ºC), no más de 24 horas.
b) Se debe de mantener a una temperatura de 0 ºC, no más de 24 horas.
c) Se debe de mantener a una temperatura de 4 ºC, no más de 24 horas.
d) Se debe de mantener a una temperatura de 10 ºC, no más de 48 horas.

20. ¿Cómo se denomina el estudio microbiológico de heces mediante cultivo?

a) Hemocultivo.
b) Urocultivo.
c) Coprocultivo.
d) Cultivo de Hiss.

En MADTEST tienes **más preguntas de este tema**, y todos tus avances quedan registrados y se reflejan en el ranking.

¡Supera tus límites con MADTEST!

Solución al test n.º 8

1. a) Ley 14/2007.

2. c) Microbiológico.

3. a) Líquidos corporales.

4. d) Microtubos.

5. b) Mediante hisopo.

6. c) El medio de Stuart.

7. d) Son ciertas las respuestas a) y b).

8. d) Todo lo anterior.

9. c) Fase analítica.

10. b) La sangre venosa es menos viscosa que la arterial, ya que posee más CO_2 que la segunda.

11. c) Inmunología y bioquímica.

12. d) Son ciertas las respuestas a) y b).

13. b) 10-12 horas.

14. c) El diplomado de enfermería.

15. d) Son ciertas las respuestas a) y b).

16. a) Heparina.

17. d) Para cualquiera de lo indicado anteriormente.

18. b) A metahemoglobina o melanina o enfermo alcaptonúrico.

19. c) Se debe de mantener a una temperatura de 4 ºC, no más de 24 horas.

20. c) Coprocultivo.

La alimentación del paciente. Dietas.
Tipos de alimentación

1. ¿A qué se denomina la forma y manera de proporcionar al organismo los alimentos que le son indispensables?

a) Nutrición.
b) Alimentación.
c) Metabolismo.
d) Asimilación.

2. ¿Cómo se denominan los alimentos que están destinados fundamentalmente a la formación y renovación de los tejidos humanos, tanto en la fase de construcción o crecimiento como en la renovación de tejidos en los adultos?

a) Energéticos.
b) Vitamínicos.
c) Plásticos.
d) Reguladores.

3. ¿Qué alimentos son aquellos cuya composición principal son las proteínas y el calcio?

a) Alimentos reguladores.
b) Alimentos biocatalizadores.
c) Alimentos energéticos.
d) Alimentos plásticos.

4. Las frutas pertenecen en la nueva rueda de alimentos al grupo:

a) VI.
b) V.
c) IV.
d) III.

5. La base de la pirámide de alimentación saludable está compuesta de:

a) Recomendaciones de estilos de vida saludable (equilibrio emocional, actividad física diaria, ingesta adecuada de agua…).
b) Tomar alimentos de la dieta mediterránea.
c) Alimentos de consumo opcional y moderado.
d) Alimentos de consumo variado y diario.

6. La ingesta adecuada de agua diaria está en torno a los:

a) 1,5 litros.
b) 2 litros.
c) 2,5 litros.
d) 3,5 litros.

7. La regla de las tres erres, también conocida como 3R se aplican a la alimentación:

a) Variable.
b) Opcional.
c) Sostenible.
d) Saludable.

8. ¿Quién pone directamente en marcha y desarrolla la estrategia NAOS?

a) La Sociedad Española de Nutrición Comunitaria (SENC).
b) La Agencia Española de Seguridad Alimentaria y Nutrición (AESAN).
c) La Secretaría de Estado de Consejos dietéticos, mediante el programa EDALNU del Ministerio de Sanidad.
d) El Ministerio de Innovación, Desarrollo e Industria.

9. ¿Qué carne de estas consideras con más grasa?

a) La carne de cordero.
b) La carne de ternera.
c) La carne de conejo.
d) La carne de caballo.

10. ¿Cuál es la unidad de energía tradicionalmente empleada en nutrición y que sigue usándose con carácter generalizado?

a) El julio (J).
b) La Caloría grande (Cal).
c) El grado centígrado (ºC).
d) El ergio (erg).

11. Empleando la fórmula de Harris y Benedict del metabolismo basal diremos que un varón de 35 kg de peso, 1,40 m de talla y 11 años de edad, será aproximadamente de:

a) 700.
b) 850.
c) 1100.
d) 2100.

12. ¿Qué factor se estos es el que más influye en la multiplicación de microorganismos?

a) Las calorías de los alimentos.
b) La temperatura del medio.
c) La presión atmosférica.
d) La presencia o no de otros gérmenes.

13. ¿Qué agentes bióticos de los siguientes son mas productores de toxiinfecciones alimentarias?

a) Hongos.
b) Bacterias.
c) Protozoos.
d) Parásitos.

14. ¿Cuál es la fuente más importante de contaminación de intoxicaciones químicas de origen alimentario de forma directa sobre frutas y verduras que ingerimos, o indirecta tras la ingesta de lo anterior de animales?

a) El estiércol de origen animal.
b) Los mercuriales.
c) Los insecticidas.
d) El riego con agua contaminada.

15. ¿Qué aminoácido es esencial?

a) Prolina.
b) Cisteína.
c) Triptófano.
d) Alanina.

16. ¿Qué principios inmediatos son sustancias energéticas?

a) Grasas.
b) Grasas y proteínas.
c) Azúcares y proteínas.
d) Grasas y azúcares.

17. ¿Cuál de estos nutrientes se considera micronutriente (imprescindibles en pequeñas cantidades)?

a) Vitaminas.
b) Azúcares.
c) Proteínas.
d) Grasas.

18. El retinol es un constituyente de la vitamina:

a) Vitamina A.
b) Vitamina B_2.
c) Vitamina C.
d) Vitamina D.

19. ¿Con qué término se corresponde esta definición: «la técnica y el arte de utilizar los alimentos de la forma adecuada, partiendo del conocimiento profundo del organismo humano y de los alimentos, para proponer y promover formas de alimentación, variada, suficiente y equilibrada»?

a) Dietoterapia.
b) Nutrición.
c) Bromatología.
d) Dietética.

20. Un IMC (índice de Masa Corporal) de 27, según Garrow, estaría en el grado de obesidad:

a) No obesidad.
b) Leve.
c) Moderada.
d) Grave.

En MADTEST tienes **más preguntas de este tema**, y todos tus avances quedan registrados y se reflejan en el ranking.

¡Supera tus límites con MADTEST!

Solución al test n.º 9

1. b) Alimentación.

2. c) Plásticos.

3. d) Alimentos plásticos.

4. a) VI.

5. a) Recomendaciones de estilos de vida saludable (equilibrio emocional, actividad física diaria, ingesta adecuada de agua…).

6. c) 2,5 litros.

7. c) Sostenible.

8. b) La Agencia Española de Seguridad Alimentaria y Nutrición (AESAN).

9. a) La carne de cordero.

10. b) La Caloría grande (Cal).

11. c) 1100.

12. b) La temperatura del medio.

13. b) Bacterias.

14. c) Los insecticidas.

15. c) Triptófano.

16. d) Grasas y azúcares.

17. a) Vitaminas.

18. a) Vitamina A.

19. d) Dietética.

20. b) Leve.

La administración de fármacos.
El auxiliar sanitario en el servicio de farmacia

1. Toda sustancia empleada en la fabricación de un medicamento, ya permanezca inalterada, se modifique o desaparezca en el transcurso del proceso, se llama:

a) Excipiente.
b) Coadyuvante.
c) Materia prima.
d) Principio activo.

2. ¿Cómo se denomina todo medicamento que tenga la misma composición cualitativa y cuantitativa en principios activos y la misma forma farmacéutica, y cuya bioequivalencia con el medicamento de referencia haya sido demostrada por estudios adecuados de biodisponibilidad?

a) Medicamento especial.
b) Medicamento magistral.
c) Medicamento de investigación.
d) Medicamento genérico.

3. ¿Cómo se consideran las «premezclas para piensos medicamentosos» elaboradas para ser incorporadas a un pienso?

a) Medicamentos de uso humano.
b) Medicamentos de uso veterinario.
c) Medicamentos de terapia génica.
d) Medicamentos de origen humano.

4. La farmacodinamia estudia:

a) Los efectos de los fármacos en el organismo.
b) La aplicación de los fármacos en el ser humano con la finalidad de curar o de alterar voluntariamente una función normal.

c) Las reacciones adversas y las enfermedades producidas por los medicamentos.

d) La evolución de un fármaco en el organismo tras su administración por distintas vías, identificando los metabolitos y las modalidades de eliminación.

5. Cuando digo aspirina me estoy refiriendo a:

a) La marca registrada (nombre comercial).
b) Nombre científico.
c) Nombre químico.
d) Nombre genérico.

6. ¿Qué mecanismo de acción de fármacos serán aquellos en los que no intervienen estructuras biológicas especializadas (receptores)?

a) Estocástico.
b) No específico.
c) Específico.
d) Variable.

7. ¿Qué órgano se encarga de la eliminación de los metabolitos?

a) Esófago.
b) Estómago.
c) Hígado.
d) Páncreas.

8. El paso del fármaco de la sangre a los tejidos dependerá de su fijación a:

a) Proteínas plasmáticas.
b) Lípidos serológicos.
c) Glúcidos plasmáticos.
d) ATP circulante.

9. El efecto primario pretendido, es decir, la razón por la cual se prescribe el fármaco, con una dosis mínima eficaz es el efecto:

a) Secundario.
b) Lateral.
c) Terapéutico.
d) Adverso.

10. ¿Qué medicamentos de estos son formas farmacéuticas líquidas?

a) Polvos.
b) Sellos.
c) Emulsiones.
d) Geles.

11. ¿Cuál es la parte de la farmacología que estudia el movimiento de los fárma-cos en el organismo en función del tiempo y la dosis, desde que se administra hasta su eliminación total?

a) Farmacología clínica.
b) Farmacodinamia.
c) Farmacocinética.
d) Farmacognosia.

12. ¿Cómo se denomina el procedimiento que se lleva a cabo con la hoja de tratamiento correspondiente, para asegurarse al mismo tiempo del nombre del paciente, número de habitación y cama, medicamento y dosis a administrar, vía y horario?

a) Comprobación de los 5 errores o los 5 correctos.
b) Comprobación de la filiación del enfermo.
c) Comprobación de los 8 errores.
d) Nada de lo anterior es cierto.

13. Todo lo que se expone de la administración de un fármaco por vía oral es cierto, excepto que:

a) Puede y debe administrarse un medicamento preparado por otra persona (si re-quiere lo mismo).
b) No se deben administrar medicamentos en un recipiente mal rotulado.
c) No se debe perder de vista el carrito unidosis o bandeja de medicamentos.
d) Los medicamentos no usados nunca se regresan a los recipientes, se desechan o bien se avisa a farmacia.

14. ¿Qué afirmación es cierta respecto a la administración oftálmica?

a) No deben aplicarse las gotas estando la persona de pie o sentada, solo se pondrá si está en decúbito.
b) Nunca se eliminará el exceso de medicación con una gasa limpia.
c) Se limpiarán los ojos de secreciones con una gasa estéril empapada en una solu-ción irrigante, utilizando una gasa diferente para cada ojo con el fin de no contaminar o extender la infección.
d) No se debe tirar del parpado inferior y sí del superior, para aplicar el medicamento.

15. Los sistemas percutáneos se corresponden con la vía:

a) Tópica.
b) Intratecal.
c) Intraneural.
d) Transdérmica.

16. ¿Qué vía es parenteral directa?

a) Vía subcutánea.
b) Vía intraósea.
c) Vía intraarterial.
d) Son ciertas las respuestas a) y c).

17. ¿Cuál es el motivo por el que se evita la perfusión venosa en las piernas de medicamentos?

a) No existe ningún motivo, y se hace habitualmente en la práctica.
b) Mayor riesgo de infecciones.
c) Mayor riesgo de hemorragias.
d) Mayor riesgo de tromboflebitis.

18. ¿Qué otro nombre recibe la vía subcutánea?

a) Vía transdérmica.
b) Vía intradérmica.
c) Vía hipodérmica.
d) Vía subdérmica.

19. ¿Qué vía de esta es intrarraquídea?

a) Vía intratecal.
b) Vía intraarticular.
c) Vía intraperitoneal.
d) Vía intraótica.

20. Se recomienda y considera, según la OMS, que todos los medicamentos tienen una vigencia máxima, desde su fecha de fabricación, de:

a) 1 año.
b) 3 años.
c) 5 años.
d) 10 años.

En MADTEST tienes **más preguntas de este tema**, y todos tus avances quedan registrados y se reflejan en el ranking.

¡Supera tus límites con MADTEST!

Solución al test n.º 10

1. c) Materia prima.

2. d) Medicamento genérico.

3. b) Medicamentos de uso veterinario.

4. a) Los efectos de los fármacos en el organismo.

5. a) La marca registrada (nombre comercial).

6. b) No específico.

7. c) Hígado.

8. a) Proteínas plasmáticas.

9. c) Terapéutico.

10. c) Emulsiones.

11. c) Farmacocinética.

12. a) Comprobación de los 5 errores o los 5 correctos.

13. a) Puede y debe administrarse un medicamento preparado por otra persona (si requiere lo mismo).

14. c) Se limpiarán los ojos de secreciones con una gasa estéril empapada en una solución irrigante, utilizando una gasa diferente para cada ojo con el fin de no contaminar o extender la infección.

15. d) Transdérmica.

16. c) Vía intraarterial.

17. d) Mayor riesgo de tromboflebitis.

18. c) Vía hipodérmica.

19. a) Vía intratecal.

20. c) 5 años.

Oxigenoterapia, ventiloterapia y ventilación artificial

1. ¿Qué tipo de epitelio posee la capa mucosa que tapiza las fosas nasales?

a) Cúbico.
b) Plano.
c) Cilíndrico ciliado.
d) Cilíndrico sin cilios.

2. ¿Cuánto mide aproximadamente la faringe en cm?

a) 4.
b) 8.
c) 12.
d) 2.

3. ¿Dónde está la epiglotis?

a) En la faringe.
b) En la laringe.
c) En la tráquea.
d) En el esófago.

4. ¿Cómo se denominan las estructuras tubulares bronquiales que no poseen anillos cartilaginosos?

a) Bronquios principales.
b) Bronquios primarios.
c) Bronquiolos.
d) Bronquios secundarios.

5. ¿Cómo se denominan las estructuras bronquiales extrapulmonares?

a) Bronquios principales.
b) Bronquios terciarios.

c) Bronquiolos.
d) Bronquios secundarios.

6. ¿Cómo se denomina la capa muy fina que envuelve los pulmones?

a) Pleura.
b) Mediastino.
c) Hilios.
d) Alveolos.

7. ¿Qué tipo de mecanismo se emplea en el intercambio de gases a nivel alveolocapilar en pulmones?

a) Difusión simple o difusión.
b) Transporte activo.
c) Pinocitosis.
d) Fagocitosis.

8. ¿Qué es falso de la circulación menor?

a) En ella hay dos venas pulmonares que van a aurícula derecha.
b) La sangre arterial circula por las venas pulmonares.
c) La sangre que transportan las arterias pulmonares está cargada de dióxido de carbono y empobrecida en oxígeno.
d) La hematosis es el fenómeno de intercambio de gases a nivel alveolocapilar.

9. ¿Cuánto volumen de aire entra en una inspiración normal en nuestros pulmones?

a) Cuarto de litro.
b) Medio litro.
c) Un litro.
d) Cinco litros.

10. ¿Qué circunstancia se da cuando la saturación de oxígeno en sangre unido a hemoglobina es del 80 %?

a) De saturación grave.
b) De saturación moderada.
c) De saturación leve.
d) No existe desaturación.

11. Se define bronquitis crónica cuando hipersecreción de moco y la tos productiva crónica recurrente durante un mínimo de:

a) Tres meses al año en dos años consecutivos.
b) Tres meses al año en tres años consecutivos.

c) Dos meses al año en tres años consecutivos.
d) Dos meses al año en dos años consecutivos.

12. ¿A qué se denomina cambios destructivos de las paredes alveolares y agrandamiento de espacios aéreos distales a los bronquios terminales, no respiratorios de forma irreversible?

a) Bronquiectasia.
b) Enfisema.
c) Bronquitis.
d) EPOC.

13. Las bronquitis agudas son más frecuentes en:

a) Niños y ancianos.
b) Mujeres embarazadas y ancianos.
c) Niños y adultos fumadores.
d) Ancianos y adultos no fumadores.

14. ¿Qué disnea es típica del asma bronquial?

a) Disnea paroxística.
b) Disnea espiratoria.
c) Disnea diurna.
d) Disnea de decúbito.

15. ¿Cuál es la causa más frecuente de un neumotórax espontaneo secundario?

a) EPOC.
b) Traumatismo.
c) Cirugía torácica.
d) Catamenial.

16. ¿Cómo se denominan los respiradores que permiten regular solamente la presión de insuflación y exigen una estrecha vigilancia del paciente?

a) Respiradores automáticos.
b) Respiradores de volumen.
c) Respiradores semiautomáticos.
d) Respiradores de presión.

17. ¿Qué intubación endotraqueal es la más empleada en la práctica?

a) Intubación orotraqueal.
b) Intubación nasotraqueal.

c) Intubación con transiluminación.
d) Intubación laringotraqueal.

18. ¿Cómo se denomina aquel trastorno qué aparece en la hipoventilación alveolar y se caracteriza por una PaCO$_2$ elevada y un pH bajo?

a) Acidosis respiratoria.
b) Alcalosis respiratoria.
c) Acidosis metabólica.
d) Alcalosis metabólica.

19. ¿Qué se denomina por fallo del sistema respiratorio en una o en ambas de las funciones de intercambio gaseoso: la oxigenación de la sangre arterial y la eliminación del anhídrido carbónico?

a) Insuficiencia respiratoria.
b) EPOC.
c) Enfisema.
d) Atelectasia.

20. ¿Qué tipo de dispositivo se usa específicamente para suministrar oxígeno humidificado y calentado en pacientes con insuficiencia respiratoria aguda?

a) Concentradores de oxígeno portátiles.
b) Mascarillas de alto flujo.
c) Sistemas de oxígeno transnasal.
d) Dispositivos de conservación de oxígeno.

En MADTEST tienes **más preguntas de este tema**, y todos tus avances quedan registrados y se reflejan en el ranking.

¡Supera tus límites con MADTEST!

Solución al test n.º 11

1. c) Cilíndrico ciliado.

2. c) 12.

3. b) En la laringe.

4. c) Bronquiolos.

5. a) Bronquios principales.

6. a) Pleura.

7. a) Difusión simple o difusión.

8. a) En ella hay dos venas pulmonares que van a aurícula derecha.

9. b) Medio litro.

10. a) De saturación grave.

11. a) Tres meses al año en dos años consecutivos.

12. b) Enfisema.

13. c) Niños y adultos fumadores.

14. a) Disnea paroxística.

15. a) EPOC.

16. d) Respiradores de presión.

17. a) Intubación orotraqueal.

18. a) Acidosis respiratoria.

19. a) Insuficiencia respiratoria.

20. b) Mascarillas de alto flujo.

TEST N.º 12

El auxiliar sanitario en urgencias. Primeros auxilios

1. Una patología que puede llevar a la muerte y que debe ser atendida en un tiempo inferior a una hora, según la OMS, es:

a) Un accidente.
b) Un siniestro.
c) Una urgencia.
d) Una emergencia.

2. El mayor pico de mortalidad originado en los politraumatizados es:

a) En la primera hora.
b) En las primeras 24 horas.
c) En las semanas posteriores.
d) La mortalidad en los politraumatizados no presenta un pico reconocido.

3. ¿Cuál es el orden en el que se debe realizar una evaluación en un paciente politraumatizado en la valoración secundaria?

a) Primero se debe realizar un examen neurológico, seguido de una exploración en busca de lesiones externas.
b) Primero se debe realizar un examen neurológico, seguido de una exploración de cabeza, cuello, tórax y abdomen.
c) La evaluación debe comenzar por la exploración de la cabeza, para seguir con cuello, abdomen y pelvis, y finalizar con un examen neurológico.
d) La evaluación debe comenzar por la exploración de cabeza, cuello, tórax, abdomen, pelvis, extremidades y finalizar con un examen neurológico.

4. ¿Qué es un traumatismo craneoencefálico?

a) Un impacto violento recibido por un sujeto en las regiones craneal y facial.
b) Un impacto recibido por un sujeto en la región craneal.
c) Una pérdida estructural de una parte del cuerpo.
d) La pérdida del conocimiento por un impacto violento en la región craneal.

5. En la inspección de las pupilas en una valoración neurológica de un paciente con traumatismo craneoencefálico, una relación entre ambas pupilas disocóricas quiere decir que:

a) Ambas pupilas son iguales.
b) Las pupilas no reaccionan.
c) Las pupilas son desiguales.
d) Las pupilas tienen forma irregular.

6. Para valorar la extensión de una quemadura se usa:

a) La regla de los 9.
b) La regla de Wallace.
c) La regla de los 10.
d) Las respuestas a) y b) son correctas.

7. ¿Qué es la uremia?

a) Es una pérdida de conciencia debido a una baja cantidad de glucosa en sangre.
b) Es una pérdida de conciencia debido a una alta cantidad de glucosa en sangre.
c) Es una complicación grave de las enfermedades del riñón, que puede provocar un estado de somnolencia capaz de llevar al coma.
d) Es una complicación leve de las enfermedades del riñón, que puede provocar un estado de somnolencia capaz de llevar al coma.

8. Las catecolaminas producen:

a) Vasoconstricción arterial y venosa, desvía el flujo de sangre de órganos no vitales a los vitales.
b) Elevación de frecuencia cardiaca y respiratoria.
c) Elevación de tensión arterial y gasto cardíaco.
d) Todas las respuestas son correctas.

9. Para poder elaborar un diagnóstico definitivo en un paciente intoxicado se debe recabar la máxima información posible. Se intentará conseguir:

a) Nombre del producto y cantidad del producto ingerido.
b) Vía de administración por la que se ha producido la ingesta y posibles mezclas.
c) Tiempo transcurrido desde la administración del producto y antecedentes patológicos previos del individuo.
d) Todas las respuestas son correctas.

10. ¿Cuál de los siguientes es el tratamiento para la intoxicación por paracetamol?

a) El tratamiento es sintomático.
b) El tratamiento indicado es el lavado gástrico incluso pasadas 12 horas, monitorización cardiaca y administración de bicarbonato sódico.

c) El tratamiento específico es la administración de su antídoto, N-acetilcisteína y si la ingesta es reciente están indicados el lavado gástrico y el carbón activado.

d) El tratamiento consiste en el lavado gástrico y carbón gástrico y la administración intravenosa de flumazenil.

11. La cánula de Guedel:

a) Es una cánula orofaríngea.
b) Se utiliza para mantener la vía aérea permeable.
c) Es un tubo de plástico abierto en su interior.
d) Todas las respuestas son ciertas.

12. Es un ritmo desfibrilable:

a) TVSP.
b) Asistolia.
c) Sinusal.
d) Bloqueo completo.

13. Si está indicada la descarga con el desfibrilador deberemos estar seguros de que:

a) El ritmo es desfibrilable.
b) El nivel de julios es el correcto.
c) Nadie toca al paciente.
d) El DESA tiene baterías.

14. ¿Cuándo se suspende la RCP básica?

a) Cuando la valoración nos indica que el paciente presenta una PCR.
b) Cuando el paciente necesita una descarga eléctrica.
c) Cuando el reanimador está exhausto.
d) Todas las respuestas son ciertas.

15. En los niños las técnicas de RCP se inician con:

a) 30 compresiones.
b) 2 ventilaciones.
c) 5 ventilaciones.
d) 15 compresiones.

16. La secuencia ideal entre compresiones y ventilaciones en los niños es de:

a) 30/2.
b) 15/2.
c) 30/1.
d) 15/5.

17. La realización de la RCP en niños debe hacerse con el niño:

a) En PLS.
b) En decúbito prono sobre una superficie dura.
c) En decúbito supino sobre una superficie dura.
d) En la posición en la que nos encontramos al paciente evitando la movilización.

18. El área de compresión en los lactantes:

a) Es en la línea intermamilar, sobre el esternón.
b) Es en el mismo lugar que en los adultos.
c) Es con 3 dedos sobre la apófisis xifoides.
d) Es justo bajo la apófisis xifoides.

19. No se considera material para la apertura de la vía aérea:

a) Pinzas de Magill.
b) Guía de tubo.
c) Tubos orofaríngeos.
d) Tabla de RCP.

20. El sulfato de magnesio es:

a) Una catecolamina.
b) Un anticolinérgico.
c) Un antiarritmico.
d) Un depresor del SNC.

En MADTEST tienes **más preguntas de este tema**, y todos tus avances quedan registrados y se reflejan en el ranking.

¡Supera tus límites con MADTEST!

Solución al test n.º 12

1. d) Una emergencia.

2. a) En la primera hora.

3. d) La evaluación debe comenzar por la exploración de cabeza, cuello, tórax, abdomen, pelvis, extremidades y finalizar con un examen neurológico.

4. a) Un impacto violento recibido por un sujeto en las regiones craneal y facial.

5. d) Las pupilas tienen forma irregular.

6. d) Las respuestas a) y b) son correctas.

7. c) Es una complicación grave de las enfermedades del riñón, que puede provocar un estado de somnolencia capaz de llevar al coma.

8. d) Todas las respuestas son correctas.

9. d) Todas las respuestas son correctas.

10. c) El tratamiento específico es la administración de su antídoto, N-acetilcisteína y si la ingesta es reciente están indicados el lavado gástrico y el carbón activado.

11. d) Todas las respuestas son ciertas.

12. a) TVSP.

13. c) Nadie toca al paciente.

14. c) Cuando el reanimador está exhausto.

15. c) 5 ventilaciones.

16. a) 30/2.

17. c) En decúbito supino sobre una superficie dura.

18. a) Es en la línea intermamilar, sobre el esternón.

19. d) Tabla de RCP.

20. c) Un antiarritmico.

La exploración y cuidados ginecológicos.
El auxiliar sanitario en obstetricia

1. La exploración ginecológica está compuesta por una serie de etapas, señala cuál de las siguientes NO es una de ellas:

a) Exploración ginecológica.
b) Exámenes complementarios.
c) Estudio de fertilidad.
d) Anamnesis.

2. En un examen ginecológico se debe tener una serie de precauciones, señala la incorrecta:

a) La paciente debe tener la vejiga vacía.
b) La paciente debe tener el recto vacío.
c) Será necesario realizarlo en periodo menstrual.
d) La paciente estará en decúbito dorsal.

3. En un examen ginecológico será necesario:

a) Palpación abdominal.
b) Examen con espéculo y valvas.
c) Tacto vaginal.
d) Todas son correctas.

4. Para la visualización del cuello uterino en una exploración vaginal, se utilizará:

a) La colposcopia.
b) La citoscopia.
c) La histeroscopia.
d) La salpingoscopia.

5. ¿Qué pinzas se utilizan en la biopsia de cuello uterino, vagina y vulva?

a) De mayo.
b) De Metzenbaum.
c) De Novak.
d) De Kelly.

6. En una exploración ginecológica, ¿qué técnica se utiliza para medir la longitud de las cavidades cervicales y corporales del útero?

a) Salmingometria.
b) Histerometría.
c) Cistometría.
d) Ecografía.

7. De los siguientes materiales que se enuncian cita cual se utiliza para la exploración ginecológica:

a) Espéculo de cusco.
b) Espéculo de Collin.
c) Pinzas Musseaux.
d) Todos los anteriores se utilizan.

8. Es un signo de alarma en una autoexploración mamaria:

a) Piel de la mama lisa.
b) Piel sin retracciones.
c) Pezón retraído.
d) Tamaño y relieve de ambas mamas parecido.

9. Para la autoexploración mamaria, se divide la mama en cuadrantes, ¿en cuántos cuadrantes se divide?

a) 2.
b) 3.
c) 4.
d) 6.

10. Son técnicas diagnósticas de mama:

a) Mamografía y ecografía.
b) Autoexploración.
c) Palpación.
d) Resonancia.

11. Mientras no se demuestre lo contrario, toda amenorrea secundaria, incluso premenopáusica ha de valorarse como:

a) Enfermedad grave del embarazo.
b) Enfermedad grave ajena a la gestación.
c) Posible embarazo.
d) Enfermedad endocrina.

12. ¿Cuál es el método de diagnóstico de embarazo más frecuente utilizado?

a) Test de embarazo en saliva.
b) Test de embarazo en orina.
c) Test de embarazo coriónico o amniótico.
d) Test de embarazo en sudor.

13. ¿Qué cifras de HCG al menos debe haber en orina para que la inmucromatografía sea positiva (en µu/ml)?

a) 10-15.
b) 15- 20.
c) 25-50.
d) 60-90.

14. ¿Cuál es la orina mejor para hacer test de embarazo?

a) La primera orina después de almorzar.
b) La primera orina después de desayunar.
c) La primera orina de la noche.
d) La primera orina de la mañana.

15. ¿Qué tiempo promedio dura la gestación humana desde la última menstruación?

a) 16 meses lunares de 28 días.
b) 12 meses lunares de 28 días.
c) 10 meses lunares de 28 días.
d) 8 meses lunares de 28 días.

16. ¿Hasta qué valor mínimo de hemoglobina en un hemograma (en g/dl) se considera normal en gestación?

a) Hasta 8.
b) Hasta 9.

c) Hasta 10.
d) Hasta 11.

17. ¿Qué hormona durante la lactancia impide la ovulación?

a) LH.
b) Prolactina.
c) Progesterona.
d) Estrógenos.

18. Se oirán los latidos fetales mediante ecografía a partir de la semana de embarazo número:

a) 4 semana.
b) 6 semana.
c) 8 semana.
d) 10 semana.

19. ¿A qué hormona se le achacan las náuseas y vómitos en el embarazo?

a) Estrógenos.
b) Progestágenos.
c) Gonadotropina coriónica.
d) A una mezcla de las anteriores.

20. ¿Qué circunstancia no es muy probable que se dé por el embarazo?

a) Pirosis.
b) Diarreas.
c) Hemorroides.
d) Estreñimiento.

En MADTEST tienes **más preguntas de este tema**, y todos tus avances quedan registrados y se reflejan en el ranking.

¡Supera tus límites con MADTEST!

Solución al test n.º 13

1. c) Estudio de fertilidad.

2. c) Será necesario realizarlo en periodo menstrual.

3. d) Todas son correctas.

4. b) La citoscopia.

5. c) De Novak.

6. b) Histerometría.

7. d) Todos los anteriores se utilizan.

8. c) Pezón retraído.

9. c) 4.

10. a) Mamografía y ecografía.

11. c) Posible embarazo.

12. b) Test de embarazo en orina.

13. c) 25-50.

14. d) La primera orina de la mañana.

15. c) 10 meses lunares de 28 días.

16. d) Hasta 11.

17. b) Prolactina.

18. d) 10 semana.

19. c) Gonadotropina coriónica.

20. b) Diarreas.

Cuidados pediátricos.
El auxiliar sanitario en el servicio de pediatría

1. ¿Cuál de estos niños puede considerarse recién nacido?

a) Si tiene tras parir su madre 27 días de vida.
b) Si tiene tras parir su madre 35 días de vida.
c) Si tiene tras parir su madre 250 días de vida.
d) Si tiene tras parir su madre 1 año de vida.

2. Son lactantes menores los niños hasta:

a) Los tres meses de vida.
b) Los seis meses de vida.
c) El año de vida.
d) Que deja de tomar leche materna o maternizada.

3. ¿Qué peso de neonato es normal (en g)?

a) Entre 1800 y 4500.
b) Entre 2500 y 4000.
c) Entre 2000 y 2400.
d) Entre 3500 y 4500.

4. Con la sigla PEG se entienden a aquellos neonatos:

a) Grandes para la edad gestacional.
b) Pequeños para la edad gestacional.
c) Prematuros para la edad gestacional.
d) Con bajo peso para la edad gestacional.

5. ¿Hasta qué porcentaje de su peso puede perder como máximo el neonato tras su nacimiento sin considerarse anómalo?

a) Hasta 5 %.
b) Hasta 10 %.
c) Hasta 30 %.
d) No puede perder peso.

6. La talla normal del recién nacido estará en torno a:

a) 40 cm.
b) 45 cm.
c) 50 cm.
d) 55 cm.

7. El perímetro torácico al nacer estará en torno a:

a) 28 cm.
b) 33 cm.
c) 38 cm.
d) 40 cm.

8. ¿Qué porcentaje o parte de su cuerpo representa la cabeza en el recién nacido?

a) La octava parte de su cuerpo.
b) La sexta parte de su cuerpo.
c) La cuarta parte de su cuerpo.
d) La mitad de su cuerpo.

9. ¿Qué reflejo es aquel que se da cuando se le pasa suavemente la mano por la planta del pie desde el talón hasta el dedo gordo, levanta los dedos y voltea el pie hacia adentro?

a) Reflejo de sujeción.
b) Reflejo de Babinski.
c) Reflejo de Moro.
d) Reflejo de Grazping.

10. ¿Qué sustancia recubre la piel del neonato de color blanco grisáceo?

a) Lanugo.
b) Vérnix caseoso.
c) Dermatosebo.
d) Nada de lo anterior.

11. El lanugo en el neonato es:

a) Una piel sebácea con vellos gruesos en determinados lugares.
b) Un vello fino que recubre la piel más frecuentemente en frente, mejillas, hombros y espalda.
c) Un vello de mayor grosor y más corto que protege al niño al nacer.
d) Capa sebácea de la piel del neonato.

12. La ictericia fisiológica está relacionada con:

a) Inmadurez renal del neonato.
b) Inmadurez hepática del neonato.
c) El consumo de la leche artificial.
d) Incompatibilidad Rh madre/neonato.

13. La temperatura del neonato tiende a estabilizarse a:

a) 35 ºC.
b) 35,5 ºC.
c) 36,5 ºC.
d) 37 ºC.

14. ¿Cuál es la frecuencia respiratoria del neonato?

a) Entre 16 y 20.
b) Entre 20 y 25.
c) Entre 25 y 30.
d) Entre 30 y 50.

15. ¿Cuál es el número aproximado de micciones diarias de un neonato?

a) Entre 5 y 10.
b) Entre 10 y 15.
c) Entre 15 y 20.
d) Entre 25 y 30.

16. ¿Cómo se llama el test habitual que se le hace al neonato que valora el nivel de adaptación del recién nacido a la vida extrauterina?

a) Test de Velasco.
b) Test de Esteban.
c) Test de Apgar.
d) Test de Fish.

17. ¿Qué cuidado respiratorio del neonato no es cierto?

a) Nunca se debe colocar inicialmente al neonato boca abajo, ya que no permitirá adecuadamente la salida de secreciones.
b) Con una sonda blanda y un aparato de aspiración, se eliminan las secreciones.
c) Al niño hay que cambiarlo de posición para ayudarle a que drene las secreciones.
d) La posición más adecuada para que drene es el decúbito lateral, que facilita su salida de las vías respiratorias.

18. ¿Qué puntuación se dará al tono muscular en el índice de APGAR si el niño realiza la flexión de miembros?

a) 0.
b) 1.
c) 2.
d) 3.

19. La posición del esgrimista se da por el reflejo:

a) De sujeción.
b) De búsqueda.
c) Tónico del cuello.
d) De marcha automática.

20. ¿Cuándo desaparece normalmente el reflejo de Moro?

a) Entre los 15 días de vida y el primer mes.
b) Entre el primer y el segundo mes.
c) Entre el segundo y el tercer mes.
d) Entre el tercer y el cuarto mes.

En MADTEST tienes **más preguntas de este tema**, y todos tus avances quedan registrados y se reflejan en el ranking.

¡Supera tus límites con MADTEST!

Solución al test n.º 14

1. a) Si tiene tras parir su madre 27 días de vida.

2. c) El año de vida.

3. b) Entre 2500 y 4000.

4. b) Pequeños para la edad gestacional.

5. b) Hasta 10 %.

6. c) 50 cm.

7. b) 33 cm.

8. c) La cuarta parte de su cuerpo.

9. b) Reflejo de Babinski.

10. b) Vérnix caseoso.

11. b) Un vello fino que recubre la piel más frecuentemente en frente, mejillas, hombros y espalda.

12. b) Inmadurez hepática del neonato.

13. c) 36,5 ºC.

14. d) Entre 30 y 50.

15. c) Entre 15 y 20.

16. c) Test de Apgar.

17. a) Nunca se debe colocar inicialmente al neonato boca abajo, ya que no permitirá adecuadamente la salida de secreciones.

18. b) 1.

19. c) Tónico del cuello.

20. c) Entre el segundo y el tercer mes.

TEST N.º 15

Cuidados de enfermería al paciente crónico y terminal. Cuidados post-mortem

1. ¿Qué aspecto de estos es clave que se dé en cuidados paliativos, siempre que sea posible?

a) La atención hospitalaria.
b) La atención en centro de salud habitual.
c) La atención en centro de salud especializado.
d) La atención domiciliaria.

2. Respecto a los cuidados paliativos no es cierto que:

a) Mejoran la calidad de vida de los pacientes y de sus familias.
b) Alivian el dolor y otros síntomas.
c) Aceleran la muerte.
d) Afirman la vida, y consideran la muerte como un proceso normal.

3. ¿Qué pronóstico (en meses) de vida es el promedio general en pacientes terminales?

a) Está limitado a 2 meses (± 1).
b) Está limitado a 3 meses (± 2).
c) Está limitado a 6 meses (± 3).
d) Está limitado a 9 meses (± 3).

4. ¿Qué principio básico, según Beauchamp y Childress, se sintetiza con la expresión latina *primum non nocere*?

a) Justicia.
b) No maleficencia.
c) Autonomía.
d) Beneficencia.

5. ¿En qué tipo de actuaciones se basan los cuidados paliativos?

a) Eutanasia.
b) Eugenesia.
c) Distanasia.
d) Ortotanasia.

6. A toda acción que pretende terminar con la vida del enfermo para acabar con el sufrimiento se le denomina:

a) Eutanasia.
b) Distanasia.
c) Eugenesia.
d) Ortotanasia.

7. ¿Cuál de estos derechos que se nombran a continuación, de las personas adultas en situación terminal, no consideras que sea tal?

a) Derecho a recibir atención médica y soporte personal.
b) Derecho a la autodeterminación y a rechazar un tratamiento.
c) Derecho a participar en la toma de decisiones relativas a las pruebas complementarias, aunque no en el tratamiento.
d) Derecho a ser tratados con la mayor dignidad y a ver su dolor aliviado.

8. Respecto al reposo y al sueño del enfermo terminal es cierto que:

a) Son infrecuentes las irregularidades en el patrón del sueño.
b) No se deben dar hipnóticos para el sueño, aunque se prescriban por el facultativo.
c) Hay que evitar que se sienta solo, y esto lo relaja y disminuye su estrés, favoreciendo que no se den las irregularidades del sueño.
d) La causa del insomnio siempre es psicológica.

9. ¿Qué consejo en la alimentación en cuidados paliativos es incorrecto?

a) No presionar o agobiar al paciente con la comida, intentando adaptarse al "gusto" del paciente.
b) Presentar la comida de forma atractiva (la comida entra por los ojos).
c) Fraccionar la dieta en seis o siete tomas al día (más veces, menos cantidad), evitando alimentos flatulentos, muy condimentados, o/y con olores intensos.
d) Hay que obligar a comer a los pacientes, la falta de comida constituye una ded las causas de empeoramiento.

10. ¿Qué virus es el que más frecuentemente aparece en la boca de los enfermos que están recibiendo quimioterapia?

a) Cándida.
b) Virus de Epstein-Barr.

c) Citomegalovirus.
d) Herpes simple.

11. ¿Qué aspecto no posee el dolor agudo que sí lo posee el dolor crónico?

a) Posee una misión biológica.
b) Mejor vía de administración la analgesia oral/rectal.
c) Posee un comienzo de alivio rápido.
d) El paciente presenta un estado emocional ante el dolor de cansado/ansioso.

12. ¿Qué factor de esto disminuye el dolor?

a) Miedo.
b) Depresión.
c) Vejez.
d) Sueño.

13. ¿Qué dolor de estos no es nociceptivo?

a) El dolor somático, por estimulación de los receptores periféricos.
b) El dolor visceral, por infiltración, compresión o distensión de vísceras.
c) El dolor neuropático, por daño del Sistema Nervioso Central (dolor central) o periférico (desaferentización).
d) Todos son nociceptivos.

14. Todo lo que se expone del fentanilo es cierto, excepto que:

a) Es un opioide sintético.
b) El fentanilo tiene indicaciones diferentes a la morfina en el tratamiento de dolor crónico que no responda al segundo escalón de la OMS.
c) El principal inconveniente del fentanilo-TTS es su mala adherencia en pieles sudorosas o/y febriles.
d) El fentanilo está especialmente indicado en disfagia/odinofagia, cuando existe un escaso cumplimiento de la medicación oral y cuando se dan problemas en el tránsito gastrointestinal (ocasiona menos estreñimiento).

15. ¿Qué causa de la ansiedad se relaciona con las fases de duelo de la doctora Kübler-Ross?

a) Los problemas relacionados con efectos directos de la enfermedad o complicaciones médicas.
b) Las reacciones adaptativas como consecuencia de la aparición de cambios inevitables.
c) Los problemas derivados de la existencia previa de problemas psicológicos.
d) Aquellas derivadas de los efectos secundarios del tratamiento.

16. ¿Qué nivel de sedación presenta un paciente con una respuesta rápida a estímulos dolorosos/presión glabelar, según la escala de Ramsay?

a) Nivel de sedación II.
b) Nivel de sedación III.
c) Nivel de sedación IV.
d) Nivel de sedación V.

17. ¿Cómo se denomina la capacidad para comprender, aceptar y compartir los sentimientos del paciente (incluso de otras personas)?

a) Catarsis.
b) Empatía.
c) Reflexividad.
d) Eustrés.

18. ¿Qué respuestas es incorrecta?

a) Las familias necesitan atención al mismo tiempo que el paciente terminal.
b) Los familiares deben ser partícipes del plan de cuidados del paciente.
c) No es conveniente instruir a los familiares en los cuidados necesarios para el paciente.
d) El médico debe facilitar a la familia la mayor cantidad de información posible sobre el estado del paciente.

19. ¿Cuál de estas etapas de aceptación de la muerte (Kübler-Ross) suele ser cronológicamente la primera?

a) Ira.
b) Negociación.
c) Negación.
d) Aceptación.

20. ¿En qué fase según Spoken está el paciente terminal que aún no conoce el diagnóstico ni el alcance de la enfermedad, pero la familia sí?

a) Fase de despreocupación.
b) Fase de inseguridad.
c) Fase de negación.
d) Fase de comunicación de la verdad.

En MADTEST tienes **más preguntas de este tema**, y todos tus avances quedan registrados y se reflejan en el ranking.

¡Supera tus límites con MADTEST!

Solución al test n.º 15

1. d) La atención domiciliaria.

2. c) Aceleran la muerte.

3. c) Está limitado a 6 meses (± 3).

4. b) No maleficencia.

5. d) Ortotanasia.

6. a) Eutanasia.

7. c) Derecho a participar en la toma de decisiones relativas a las pruebas complementarias, aunque no en el tratamiento.

8. c) Hay que evitar que se sienta solo, y esto lo relaja y disminuye su estrés, favoreciendo que no se den las irregularidades del sueño.

9. d) Hay que obligar a comer a los pacientes, la falta de comida constituye una ded las causas de empeoramiento.

10. d) Herpes simple.

11. b) Mejor vía de administración la analgesia oral/rectal.

12. d) Sueño.

13. c) El dolor neuropático, por daño del Sistema Nervioso Central (dolor central) o periférico (desaferentización).

14. b) El fentanilo tiene indicaciones diferentes a la morfina en el tratamiento de dolor crónico que no responda al segundo escalón de la OMS.

15. b) Las reacciones adaptativas como consecuencia de la aparición de cambios inevitables.

16. c) Nivel de sedación IV.

17. b) Empatía.

18. c) No es conveniente instruir a los familiares en los cuidados necesarios para el paciente.

19. c) Negación.

20. a) Fase de despreocupación.

El auxiliar sanitario en servicios de geriatría y psiquiatría

1. ¿Cuántos años aproximadamente más se incrementa la esperanza de vida en España al llegar una persona a la edad de 65 años?

a) Se incrementa aproximadamente 4 años.
b) Se incrementa aproximadamente 8 años.
c) Se incrementa aproximadamente 20 años.
d) Se incrementa aproximadamente 25 años.

2. ¿Qué edad en el anciano de las que se exponen está definida por el envejecimiento de sus órganos y tejidos?

a) Edad psíquica.
b) Edad fisiológica.
c) Edad cronológica.
d) Edad social.

3. La senectud se caracteriza por:

a) Un marasmo senil.
b) La no persistencia de la vejez propiamente dicha.
c) La falta de alteraciones parenquimatosas y glandulares.
d) Nada de lo anterior.

4. ¿Qué edad se corresponde con el estado funcional de los órganos de nuestro cuerpo comparados con patrones estándar establecidos para cada edad o grupos de edad?

a) Edad cronológica.
b) Edad biológica.
c) Edad social.
d) Edad funcional.

5. ¿Qué forma poseerá la pirámide de Bulgdofer si es la representación de una población joven?

a) Forma triangular.
b) Forma ojival.
c) Forma rectangular.
d) Forma de ánfora.

6. ¿Qué población predominará, según las edades, si el índice de Sundbarg vale 15 %?

a) Población joven, con más niños que propiamente jóvenes.
b) Población joven, con más jóvenes que niños.
c) Población de transición, entre jóvenes y ancianos (adultos no ancianos).
d) Población envejecida, donde predominan los ancianos sobre las demás edades.

7. Al conjunto de niveles de atención que, desde una óptica sanitaria y social, debe garantizar la calidad de vida de los ancianos habitantes de un área sectorizada, proporcionando respuestas adecuadas a las diferentes situaciones de enfermedad o de dificultad social que aquellos presenten, se denomina:

a) Trabajo social geriátrico.
b) Asistencia geriátrica.
c) Cuidados gerontes.
d) Institucionalización del anciano.

8. De las que se nombran, ¿cuál de las causas de alta hospitalaria en mayores de 65 años es más frecuente?

a) Enfermedades del aparato respiratorio.
b) Tumores.
c) Enfermedades del aparato digestivo.
d) Enfermedades del aparato cardiocirculatorio.

9. ¿Sobre qué metodología del acto geriátrico de valoración es necesario realizarla de la manera más real posible?

a) Respecto a las actividades básicas de la vida diaria (ABVD o AVD).
b) Respecto a las actividades complejas de la Vida diaria (ACVD).
c) Respecto a las actividades instrumentales de la vida diaria (AIVD).
d) Respecto a las actividades usuales diarias (AUD).

10. El anciano que, siendo frágil, sufre problemas mentales y/o sociales en relación con su estado de salud, enfermedades de base crónica y manifiesta dependencia para las actividades básicas de la vida diaria, por lo que precisa ayuda de otros (que generalmente requiere institucionalización), se denomina:

a) Anciano frágil propiamente dicho.
b) Anciano sano.

c) Anciano enfermo.
d) Paciente geriátrico.

11. ¿Qué modificaciones de la piel del anciano es incorrecta?

a) Se va volviendo descolorida.
b) Aumenta en ella el grosor de los vasos sanguíneos.
c) Se vuelve más húmeda y con ello sudorosa y menos frágil.
d) Todo lo anterior es correcto.

12. Las denominadas «placas seniles» se observan en cerebros:

a) Ancianos con diabetes.
b) Aquejados de psoriasis.
c) Senescentes y en aquejados de demencia senil.
d) Jóvenes aquejados de demencia senil.

13. ¿Qué modificaciones o aspectos psicológicos son incorrectos en el anciano?

a) El descenso de las funciones intelectuales en los ancianos guarda una relación directa con la edad cronológica, y es independiente del nivel cultural que posea.
b) Disminución de la autoestima.
c) Aparece desinterés por las cosas.
d) Ninguna de las anteriores es incorrecta.

14. ¿En qué se traduce la infelicidad y la impotencia del anciano en cuanto a las relaciones con el familiar que lo cuida?

a) En el aislamiento.
b) En una diminución de la autoestima.
c) En un aumento de la autoestima.
d) En miedo e incertidumbre.

15. ¿Qué valoración de estas consideras más capaz de indagar en profundidad sobre las necesidades del anciano, siendo realmente la piedra angular de la geriatría?

a) La valoración geriátrica integral.
b) La valoración estructurada por Necesidades Básicas.
c) La valoración estructurada por Patrones Funcionales de Salud.
d) Ninguna de las anteriores.

16. ¿Qué se estimará de estas cuestiones en la valoración psicológica del anciano al llevarse a cabo una valoración geriátrica integral?

a) Campo económico.
b) Campo de habitabilidad de vivienda.
c) Campo afectivo/cognitivo.
d) Campo familiar.

17. ¿Qué aspecto de la valoración geriátrica integral no es cierto?

a) Nos permite identificar los recursos que mantiene la persona mayor.
b) Nos da información sobre qué servicios necesita el mayor concreto que se esté valorando.
c) No aporta detalles de cuáles pueden ser las posibilidades de mejoras del anciano.
d) Favorece el desarrollo de un plan de cuidados sobre el anciano valorado integralmente.

18. Como objetivo de la valoración geriátrica integral está, además de conocer los recursos del paciente, otros recursos de su entorno:

a) Social.
b) Afectivo.
c) Social y familiar.
d) Social, ambiental y familiar.

19. Todo lo que se expone de las escalas empleadas para la valoración geriátrica integral es cierto, excepto que:

a) Deben ser instrumentos sencillos que nos permitan una valoración exhaustiva y rápida.
b) Son más eficaces que el juicio clínico en la detección del deterioro o la incapacidad cuando estos se presentan de forma austera.
c) Disminuye la permanencia en el domicilio familiar, en pro de la institucionalización, prolongando así la supervivencia del anciano.
d) Nos permiten valorar la calidad de los cuidados desarrollados.

20. ¿Cuál de estas consideras una actividad instrumental de la vida diaria (AIVD)?

a) Beber.
b) Vestirse.
c) Asearse.
d) Usar el teléfono.

En MADTEST tienes **más preguntas de este tema**, y todos tus avances quedan registrados y se reflejan en el ranking.

¡Supera tus límites con MADTEST!

Solución al test n.º 16

1. c) Se incrementa aproximadamente 20 años.

2. b) Edad fisiológica.

3. c) La falta de alteraciones parenquimatosas y glandulares.

4. b) Edad biológica.

5. a) Forma triangular.

6. d) Población envejecida, donde predominan los ancianos sobre las demás edades.

7. b) Asistencia geriátrica.

8. d) Enfermedades del aparato cardiocirculatorio.

9. a) Respecto a las actividades básicas de la vida diaria (ABVD o AVD).

10. d) Paciente geriátrico.

11. c) Se vuelve más húmeda y con ello sudorosa y menos frágil.

12. c) Senescentes y en aquejados de demencia senil.

13. a) El descenso de las funciones intelectuales en los ancianos guarda una relación directa con la edad cronológica, y es independiente del nivel cultural que posea.

14. a) En el aislamiento.

15. a) La valoración geriátrica integral.

16. c) Campo afectivo/cognitivo.

17. c) No aporta detalles de cuáles pueden ser las posibilidades de mejoras del anciano.

18. d) Social, ambiental y familiar.

19. c) Disminuye la permanencia en el domicilio familiar, en pro de la institucionalización, prolongando así la supervivencia del anciano.

20. d) Usar el teléfono.

El auxiliar sanitario en residencias geriátricas y de discapacitados. Demencia senil y Alzhéimer. Aseo y movilización de un usuario geriátrico encamado. Aseo y movilización de un usuario geriátrico que deambula. El trato con la familia de los usuarios de residencias y Centros de Día. Actividades de ocio y tiempo libre

1. La función principal de los centros residenciales es:

a) Ayudar a la realización de las actividades de la vida diaria.
b) Benéfico-asistencial.
c) Alojamiento y hostelería.
d) Atención integral para mejorar las condiciones de vida.

2. Según Goffman, el concepto de institucionalización se asemeja al de:

a) Institución total.
b) Hospital psiquiátrico.
c) Centro residencial.
d) Ingreso definitivo.

3. Haciendo referencia al número de plazas que ofertan, ¿qué tipo de residencias ronda las 40 plazas?

a) Viviendas tuteladas.
b) Residencias medias.
c) Minirresidencias.
d) Macrorresidencias.

4. Entre los cambios más importantes en el comportamiento durante el primer grado en la enfermedad de Alzheimer se encuentra:

a) El comportamiento errante.
b) La hiperetamorfosis.
c) La perseveración.
d) Las dificultades para realizar tareas complejas.

5. El aseo de un usuario geriátrico encamado empieza por:

a) El tórax y las extremidades superiores.
b) Los pies.
c) La cara, el cuello y las orejas.
d) La zona genital.

6. En el aseo del paciente encamado, uno de los principios a seguir a la hora de abordar al enfermo es:

a) Actuar con suavidad para disminuir el riesgo de cansancio.
b) Moverlo rápidamente.
c) Cubrir al paciente con una sábana de forma parcial.
d) Descubrir todo el cuerpo y cubrir la zona a limpiar.

7. ¿Cuál es el primer paso que se debe realizar para asear a un enfermo?

a) Cubrir al paciente para preservar su intimidad.
b) Preparar todo el material necesario.
c) Informar al paciente sobre el procedimiento a realizar.
d) Instalar cómodamente a la persona.

8. ¿Qué tipo de baño exige la participación de, al menos, dos personas para aumentar la seguridad del paciente y disminuir el tiempo empleado?

a) Baño en la cama completo.
b) Aseo en baño.
c) Baño en ducha.
d) Aseo parcial.

9. Cuando dos personas conversan, podemos ver cómo se ha establecido el mensaje entre ambas, si se asimila bien el mensaje y se comprende lo que se quiere transmitir a través de:

a) La descodificación.
b) La retroalimentación.
c) La codificación.
d) El canal.

10. La comunicación está basada en un lenguaje de códigos. ¿Qué tipo de comunicación utiliza signos lingüísticos en el mensaje?

a) La comunicación gestual.
b) La comunicación acústica.
c) La comunicación verbal.
d) La comunicación visual.

11. ¿Qué tipo de comunicación es aquella mediante la cual el emisor transmite un mensaje que finaliza en el receptor con la ejecución de una tarea?

a) Comunicación horizontal.
b) Comunicación finalista.
c) Comunicación participativa.
d) Comunicación teleológica.

12. Podemos decir que un sistema sanitario humanizado es aquel que:

a) Realiza una evaluación continua.
b) Desarrolla marcos teóricos-conceptuales sobre realidades y factores de vulnerabilidad de los pacientes.
c) Mantiene una gestión que responde al bienestar en el ejercicio de las funciones de sus profesionales.
d) Garantiza una asistencia de calidad centrada en la persona.

13. El proceso de humanización de la asistencia sanitaria intenta aportar suficiente evidencia objetiva de que los fondos públicos son utilizados eficaz y eficientemente con el fin de evitar:

a) La incorrecta implantación de la innovación tecnológica.
b) La merma en la adecuada atención al enfermo.
c) Las desviaciones que se produzcan en el sistema.
d) La desmotivación de los profesionales de la salud.

14. Cuando un paciente trata de expresar alguna preocupación, dolencia, sentimiento, etc., el auxiliar de enfermería debe:

a) Distraerle con cualquier otro tema poco complejo.
b) Ejercer cierta presión para que exprese aquello que le preocupa.
c) Saber callarlo para evitar lo que le genera desconfianza y aislamiento.
d) No interrumpirle.

15. Indica cuál de las siguientes afirmaciones es incorrecta:

a) El auxiliar de enfermería debe evitar emitir cualquier juicio de valor u opinión sobre el proceso del enfermo, tanto al propio enfermo como a la familia.
b) El auxiliar de enfermería debe hablar lo preciso, evitando cualquier tipo de tertulia.
c) El auxiliar de enfermería debe adecuarse, en la medida de lo posible, al tipo de paciente que atiende.
d) El auxiliar de enfermería tratará de informar al paciente y su familia en cada circunstancia empleando para ello un buen tono de voz, así como expresiones corporales y mímicas si fueran necesarias.

16. ¿Cuál es el método de comunicación que permite a una persona hacer comprensible a otra cualquier idea o hecho que le quiere transmitir?

a) El lenguaje corporal.
b) La explicación.
c) La sugestión.
d) La indicación.

17. La disciplina que estudia cómo gestionamos los espacios en nuestra interacción con otros individuos se denomina:

a) Sinergia.
b) Empatía.
c) Proxemia.
d) Cronemia.

18. ¿A qué distancia debe situarse el profesional sanitario cuando se comunica con un paciente?

a) A la distancia social.
b) A la distancia personal.
c) A la distancia pública.
d) A la distancia íntima.

19. Para establecer una buena relación de empatía y una comunicación adecuada con el paciente y/o sus familiares es necesario tener en cuenta algunos factores. Indica la respuesta incorrecta:

a) La patología del enfermo.
b) El lugar elegido.
c) El léxico.
d) La escucha activa.

20. Existen ciertas habilidades que el personal sanitario debe desarrollar, en orden de cumplir las expectativas del paciente y su familia. ¿Cuál de ellas se relaciona con la primera impresión que obtiene el paciente y/o su familia del profesional sanitario?

a) La escucha activa.
b) El comportamiento no verbal.
c) La recogida de información.
d) La empatía.

En MADTEST tienes **más preguntas de este tema**, y todos tus avances quedan registrados y se reflejan en el ranking.

¡Supera tus límites con MADTEST!

Solución al test n.º 17

1. d) Atención integral para mejorar las condiciones de vida.

2. a) Institución total.

3. b) Residencias medias.

4. d) Las dificultades para realizar tareas complejas.

5. c) La cara, el cuello y las orejas.

6. c) Cubrir al paciente con una sábana de forma parcial.

7. b) Preparar todo el material necesario.

8. a) Baño en la cama completo.

9. b) La retroalimentación.

10. c) La comunicación verbal.

11. a) Comunicación horizontal.

12. d) Garantiza una asistencia de calidad centrada en la persona.

13. b) La merma en la adecuada atención al enfermo.

14. d) No interrumpirle.

15. d) El auxiliar de enfermería tratará de informar al paciente y su familia en cada circunstancia empleando para ello un buen tono de voz, así como expresiones corporales y mímicas si fueran necesarias.

16. b) La explicación.

17. c) Proxemia.

18. c) A la distancia pública.

19. a) La patología del enfermo.

20. b) El comportamiento no verbal.

TEST N.º 18

El auxiliar sanitario en atención primaria, consultas externas, laboratorio y radiodiagnóstico

1. En lo que se refiere a las funciones de los Auxiliares Sanitarios en el ámbito de la Atención Primaria, estas se regulan mediante:

a) La Orden de 26 de abril de 1973.
b) La Ley 55/2003, de 16 de diciembre.
c) El Real Decreto 546/1995, de 7 de abril.
d) El Real Decreto 137/1984, de 11 de enero.

2. En general, ¿cuáles son las funciones que corresponden a los Auxiliares Sanitarios?

a) Administración y preparación diaria del tratamiento prescrito.
b) Asistenciales, docentes y organizativas.
c) Ayudar en las labores de promoción y prevención de Salud.
d) Acompañar a los enfermos que son trasladados en camilla a las plantas y Servicios que les sean asignados.

3. Los Auxiliares Sanitarios colaborarán en ciertas funciones. Señala la respuesta incorrecta:

a) Tareas administrativas como citaciones.
b) En la recogida de los datos termométricos.
c) Administración de medicamentos por vía parenteral.
d) Enviar a esterilización el instrumental utilizado.

4. En las consultas externas no será responsabilidad directa de los Auxiliares Sanitarios:

a) Ayudar al enfermo a desplazarse por la consulta.
b) La citación de los enfermos por teléfono.
c) Acompañar al médico.
d) Esterilizar todo el instrumental.

5. En la recogida de muestras, el Auxiliar Sanitario:

a) Analizará la muestra del paciente.
b) Colaborará en la citación del paciente y en la disposición y puesta a punto del material necesario.
c) Auxiliará directamente al médico.
d) Explorará al paciente.

6. La tarea asistencial del Auxiliar Sanitario consiste en:

a) Cuidar de que todo esté dispuesto.
b) Asistir directamente al médico en la consulta.
c) Tomar las muestras del paciente en la sala de exploraciones.
d) Movilizar al enfermo en camilla desde las distintas unidades.

7. Señala cuál de las siguientes no es función del Auxiliar Sanitario:

a) Enviar a la lavandería la ropa sucia de la camilla.
b) Enviar a esterilización el instrumental.
c) Decidir el material que será necesario.
d) Revisar el carro de curas.

8. Si el material no puede ser sometido a limpieza mecánica con ayuda de detergentes, debe ser limpiado por medio de:

a) Aerosoles.
b) Una mezcla crómica caliente.
c) Centrifugado.
d) Escobilla o cepillo.

9. Señala cuál de las siguientes tareas no es propia del Laboratorio:

a) Toma de muestras.
b) Recogida de citaciones, volantes, informes, etc.
c) Centrifugación.
d) Almacenaje.

10. Según el Real Decreto 137/1984, las siguientes son funciones del Auxiliar Sanitario en las diferentes áreas de Atención Primaria. Señala la respuesta incorrecta:

a) Funciones de apoyo al personal sanitario.
b) Funciones de apoyo en el campo de la Salud Pública.
c) Funciones asistenciales.
d) Funciones de Docencia e Investigación.

11. Del Equipo de Atención Primaria, ¿quién es responsable de la recogida de muestras?

a) El Director/a médico de la Zona de Salud.
b) El Farmacéutico/a.
c) El Auxiliar Sanitario.
d) Personal sanitario del Laboratorio.

12. ¿Qué profesional sanitario tiene entre sus funciones auxiliar en la recogida y manipulación de muestras biológicas?

a) El Veterinario/a.
b) El/la Auxiliar Sanitario.
c) El Enfermero/a.
d) El Celador/a.

13. Señala cuál de las siguientes no es una función de los Auxiliares Sanitarios:

a) Elaborar el diagnóstico de Salud de la zona.
b) Realizar la higiene de los enfermos, si fuera necesario.
c) Alimentar a los enfermos, si fuera necesario.
d) Contribuir a mejorar la calidad del Sistema de Salud.

14. En cuanto a las funciones organizadoras, el Auxiliar Sanitario no:

a) Se ocupará de las citas por teléfono, cancelaciones y cambios de horario.
b) Controlará el número de enfermos citados.
c) Dispondrá por orden las historias clínicas de la consulta.
d) Programará la aplicación de tratamientos.

15. Para asegurar de forma absoluta los datos obtenidos en un laboratorio, se realizará sistemáticamente:

a) Unas pruebas de precisión.
b) Un control de calidad.
c) Una auditoría interna.
d) Un control de patrones.

16. ¿Qué debe hacer el AE durante una consulta externa en su función asistencial?

a) Diagnosticar los síntomas.
b) Desarrollar un plan terapéutico.
c) Ayudar al paciente a subir y bajar de la mesa de exploración.
d) Revisar y firmar informes clínicos.

17. En radiodiagnóstico, ¿qué debe revisarse antes del examen?

a) El horario del personal.
b) El tipo de película fotográfica del día.
c) La hoja o informe clínico del paciente.
d) El número de camas disponibles.

18. ¿Cuál es una característica de las imágenes radiológicas?

a) Los líquidos siempre son radiotransparentes.
b) Las sombras radiológicas representan estructuras reales aumentadas.
c) Todo tejido aparece con el mismo nivel de contraste.
d) Los huesos nunca se ven blancos.

19. ¿Qué aspecto debe cuidar el profesional en el trato con el paciente en radio-diagnóstico?

a) Utilizar lenguaje técnico complejo.
b) Generar un entorno agradable y sin demoras.
c) Evitar revisar la orden médica.
d) Realizar comentarios sobre otras patologías.

20. ¿Qué concepto describe un tejido que absorbe poca radiación?

a) Radioopaco.
b) Hialino.
c) Radiotransparente.
d) Isoatenuante.

En MADTEST tienes **más preguntas de este tema**, y todos tus avances quedan registrados y se reflejan en el ranking.

¡Supera tus límites con MADTEST!

Solución al test n.º 18

1. d) El Real Decreto 137/1984, de 11 de enero.

2. c) Ayudar en las labores de promoción y prevención de Salud.

3. c) Administración de medicamentos por vía parenteral.

4. d) Esterilizar todo el instrumental.

5. b) Colaborará en la citación del paciente y en la disposición y puesta a punto del material necesario.

6. a) Cuidar de que todo esté dispuesto.

7. c) Decidir el material que será necesario.

8. b) Una mezcla crómica caliente.

9. d) Almacenaje.

10. d) Funciones de Docencia e Investigación.

11. d) Personal sanitario del Laboratorio.

12. b) El/la Auxiliar Sanitario.

13. a) Elaborar el diagnóstico de Salud de la zona.

14. d) Programará la aplicación de tratamientos.

15. b) Un control de calidad.

16. c) Ayudar al paciente a subir y bajar de la mesa de exploración.

17. c) La hoja o informe clínico del paciente.

18. b) Las sombras radiológicas representan estructuras reales aumentadas.

19. b) Generar un entorno agradable y sin demoras.

20. c) Radiotransparente.

Atención al enfermo toxicómano

1. La atención al drogodependiente debe ser contemplada desde un punto de vista global, teniendo en cuenta los aspectos:

a) Biológicos y Psicológicos.
b) Físicos, Psíquicos, Mentales y su interrelación.
c) Biológicos, Sociales y Psicológicos.
d) Biológicos, Sociales, Psicológicos y su interrelación.

2. El concepto de tolerancia a las drogas hace referencia a:

a) El aumento de dosis necesario para conseguir el efecto deseado.
b) La necesidad de recibir una nueva dosis de droga.
c) Que una droga se tolera bien durante un primer período.
d) El nivel de droga que un organismo tolera sin causarle daño constatable

3. ¿Qué sustancias englobaría la OMS dentro del concepto de drogas?

a) Tóxicos (alcohol).
b) Medicamentos (diacepan).
c) Algunos alimentos que modifican la conducta (setas alucinógenas).
d) Englobaría todas las anteriores.

4. ¿Qué sustancia de estas consideras un alucinógeno per se?

a) Nicotina.
b) Alcohol etílico.
c) Cocaína.
d) LSD.

5. ¿Cuál de estas drogas es sintética?

a) Cannabis.
b) Éxtasis.

c) Morfina.
d) Opio.

6. ¿Qué sustancia de estas es alucinógena?

a) LSD.
b) Psilocibina.
c) Mescalina.
d) Son todas las anteriores.

7. ¿Cuál es la principal causa evitable de morbilidad y mortalidad prematura por drogodependencias en la mayoría de países?

a) Alcoholismo.
b) Tabaquismo.
c) Consumo de cannabis.
d) Consumo de heroína.

8. ¿Cuándo fue reconocido el tabaco por la Organización Mundial de la Salud (OMS) como droga?

a) En el año 1974.
b) En el año 1980.
c) En el año 1988.
d) En el año 1991.

9. ¿Cuántos principios activos aproximadamente posee el humo procedente de la combustión de tabaco?

a) Más de 500.
b) Más de 1000.
c) Más de 2000.
d) Más de 3000.

10. ¿Qué sustancias esencialmente procedentes de la combustión de tabaco son las responsables de las patologías oncológicas?

a) Nicotina.
b) Monóxido de carbono.
c) Alquitranes.
d) Dióxido de carbono.

11. ¿Qué receptores colinérgicos de la acción de la nicotina son aquellos localizados en los órganos efectores que reciben terminaciones nerviosas posganglionares colinérgicas, así como en algunas neuronas del SNC?

a) Nicotínicos propiamente.
b) Muscarínicos.

c) Adrenérgicos.
d) Dopaminérgicos.

12. ¿Qué dato es incorrecto del fumador?

a) El hecho de ser fumador conlleva al padecimiento de una sintomatología extensa como por ejemplo astenia, anorexia, fatigabilidad, disnea de esfuerzo, disfonía, faringitis seca, tos, expectoración matutina, disminución de la libido, disfunción eréctil, sueño no reparador…
b) Determinados factores condicionantes, ambientales y psicosociales, favorecen la conducta a ser fumador, estableciéndose la dependencia poco a poco.
c) En una fase inicial en el consumo de tabaco se presenta una reacción placentera y no aversiva.
d) El fumar tabaco es un patrón conductual complejo.

13. ¿Cuál no es un efecto farmacológico de la nicotina?

a) Aumento del peristaltismo gástrico
b) Con aumento de la tensión arterial y disminución de la temperatura corporal.
c) Miosis generalmente (raro midriasis).
d) Vasoconstricción generalizada.

14. ¿Qué término se emplea cuando por un tiempo dejas de fumar y tienes ganas, si posees tabaquismo, para la mitigación del "ansia por fumar"?

a) Síndrome de abstinencia.
b) Adicción.
c) Sprue.
d) Nada de lo anterior.

15. ¿Qué porcentaje de los cánceres de pulmón están relacionados con el tabaco (según la OMS)?

a) 25 %.
b) 45 %.
c) 65 %.
d) 90 %.

16. ¿Qué patologías relacionadas con el tabaquismo entran dentro de la EPOC?

a) Bronquitis aguda y enfisema pulmonar.
b) Bronquitis crónica y atelectasia pulmonar.
c) Bronquitis aguda y atelectasia pulmonar.
d) Bronquitis crónica y enfisema pulmonar.

17. Una persona acude a una consulta de Atención Primaria para ver qué hacer para dejar de fumar, y refiere que se ha comprado un libro sobre consejos para dejar de fumar hace meses. Ha decidido que quiere empezar a dejarlo ya. ¿En qué fase se encuentra según el Modelo de Etapas de Cambio o Transteórico?

a) Precontemplación.
b) Contemplación.
c) Preparación.
d) Acción.

18. La extensión y gravedad de los problemas asociados con el alcohol están directamente relacionados con:

a) El tipo de cultura social de la población.
b) La cantidad de alcohol consumida por el conjunto de la población.
c) El perfil psicológico de los sujetos que consumen alcohol.
d) Las ideas religiosas de los que conforman la población.

19. El síndrome de dependencia alcohólica es equiparable al de:

a) Hábito.
b) Adicción.
c) Uso.
d) Abuso.

20. Según la Clasificación Internacional de Enfermedades, la ingesta de alcohol en las mujeres es considerada de riesgo cuando el consumo semanal de alcohol puro es superior a:

a) 135 g.
b) 143 g.
c) 152 g.
d) 172 g.

Solución al test n.º 19

1. d) Biológicos, Sociales, Psicológicos y su interrelación.

2. a) El aumento de dosis necesario para conseguir el efecto deseado.

3. d) Englobaría todas las anteriores.

4. d) LSD.

5. b) Éxtasis.

6. d) Son todas las anteriores.

7. b) Tabaquismo.

8. a) En el año 1974.

9. d) Más de 3000.

10. c) Alquitranes.

11. b) Muscarínicos.

12. c) En una fase inicial en el consumo de tabaco se presenta una reacción placentera y no aversiva.

13. c) Miosis generalmente (raro midriasis).

14. a) Síndrome de abstinencia.

15. d) 90 %.

16. d) Bronquitis crónica y enfisema pulmonar.

17. c) Preparación.

18. b) La cantidad de alcohol consumida por el conjunto de la población.

19. b) Adicción.

20. d) 172 g.

TEST N.º 20

Atención psicológica al paciente. Terapia ocupacional. Ocio y tiempo libre de los enfermos

1. Estadísticamente hablando, ¿qué porcentaje de pacientes oncológicos desarrolla un trastorno adaptativo?

a) 10%.
b) 40%.
c) 30%.
d) 20%.

2. ¿Qué sentimientos sufren los pacientes en las distintas fases de afrontamiento del diagnóstico?

a) Aceptación.
b) Tolerancia.
c) Vehemencia.
d) Ansiedad.

3. La osteoporosis en el individuo que envejece está englobada en los cambios:

a) Neurobiológicos.
b) Somáticos.
c) Psicológicos.
d) Ninguna es correcta.

4. ¿Hasta qué edad permanece estable el cociente intelectual de un individuo?

a) Hasta los 80 años.
b) Hasta los 90 años.
c) Hasta los 70 años.
d) Hasta los 75 años.

5. De los siguientes términos, ¿cuál no se considera un psicodinamismo de una enfermedad crónica?

a) Regresión.
b) Depresión.
c) Represión.
d) Culpabilidad.

6. ¿Y cuál no se considera una fase?

a) Ira.
b) Negociación.
c) Aceptación.
d) Agresión.

7. Marín señalo el perfil psicológico de un paciente que no era producido por la enfermedad sino por la reacción ante ella. ¿En qué año fue?

a) En 1989.
b) En 1995.
c) En 1992.
d) En 1982.

8. En la psicología del enfermo terminal, ¿qué autores describen magistralmente la reacción ante el diagnóstico en términos de necesidades y problemas emocionales derivados de estas?

a) De Pascual y García Conde.
b) Kübler-Ross.
c) Marín y Espinosa.
d) Johnson y Standford.

9. ¿Cómo se debe informar al paciente terminal?

a) Sosegadamente.
b) Dándole información completa.
c) En función de su capacidad para asimilar.
d) Dándole información incompleta.

10. ¿Cuántos tipos de alteraciones se dan en la hospitalización de un niño y adolescente crónico?

a) 5.
b) 3.
c) 4.
d) 2.

11. En el contexto sanitario, la psicopedagogía hospitalaria es la encargada de atender a los niños hospitalizados y a su familia, trabajando al nivel de:

a) Aporte de los medios psicopedagógicos adecuados para ayudar al paciente y a sus progenitores a que sean capaces de reconducir las emociones negativas en beneficio del paciente.
b) Adaptación del niño y de la familia al hospital.
c) Evitación del desarraigo infantil.
d) Todas son correctas.

12. La mujer embarazada sufre grandes cambios durante su gestación, a nivel:

a) Social.
b) Cultural.
c) Psicológico.
d) Ninguna es correcta.

13. Su actitud frente al embarazo dependerá:

a) De la relación de pareja.
b) Del significado que para ella tenga la maternidad.
c) De su nivel socioeconómico.
d) Todas son correctas.

14. El aumento de estrógenos es un cambio físico que se da en:

a) El tercer trimestre.
b) El primer trimestre.
c) El segundo trimestre.
d) Todas son correctas.

15. De las siguientes respuestas, ¿cuál no se considera una etapa de las reacciones del paciente frente a la enfermedad y el sufrimiento?

a) Reacciones de huida o negación.
b) Reacciones de regresión.
c) Reacciones de racionalización.
d) Reacciones de represión.

16. Las etapas que Kübler-Ross define sobre las reacciones del paciente frente a la muerte son:

a) 2.
b) 5.
c) 4.
d) 6.

17. ¿A qué etapa de las reacciones del paciente frente a la muerte se refiere el enunciado "Aparece cuando el paciente toma conciencia realmente de que se va a morir y no puede hacer nada para evitarlo"?

a) Pacto o negociación.
b) Rebeldía o ira.
c) Negociación.
d) Negociación y aislamiento.

18. Las diferentes formas en que las personas responden ante la enfermedad vienen determinadas por factores como:

a) Antecedentes personales.
b) Institución sanitaria.
c) Genéticos.
d) Todas son correctas.

19. Desde los primeros síntomas de enfermedad hasta la resolución de la misma, las personas adoptan distintos comportamientos. Una de estas etapas sería:

a) Contacto con el equipo de salud.
b) Legitimación de la enfermedad.
c) Recuperación del estado de salud.
d) Todas son correctas.

20. Dentro de la adaptación, la esperanza realista como miedo, ¿con qué humor se correspondería?

a) Llanto.
b) Cólera difusa.
c) Negación.
d) Cólera contra la enfermedad.

En MADTEST tienes **más preguntas de este tema**, y todos tus avances quedan registrados y se reflejan en el ranking.

¡Supera tus límites con MADTEST!

Solución al test n.º 20

1. c) 30%.

2. d) Ansiedad.

3. b) Somáticos.

4. a) Hasta los 80 años.

5. b) Depresión.

6. d) Agresión.

7. c) En 1992.

8. a) De Pascual y García Conde.

9. c) En función de su capacidad para asimilar.

10. b) 3.

11. d) Todas son correctas.

12. c) Psicológico.

13. b) Del significado que para ella tenga la maternidad.

14. b) El primer trimestre.

15. d) Reacciones de represión.

16. b) 5.

17. c) Negociación.

18. b) Institución sanitaria.

19. d) Todas son correctas.

20. b) Cólera difusa.

TEST N.º 21

Actitud frente a enfermedades infecciosas.
Higiene y seguridad en el trabajo. Prevención de riesgos laborales

1. ¿Cuál es en España la norma básica que regula en la actualidad la materia de Prevención de Riesgos Laborales?

a) Ley 31/1995, de 8 de noviembre.
b) Ley 13/1990, de 22 de abril.
c) Ley 22/2000, de 12 de diciembre.
d) Ley 14/1998, de 25 de septiembre.

2. La Higiene teórica proveniente de la Higiene en el Trabajo:

a) Se encarga de la identificación cualitativa y cuantitativa de los agentes nocivos.
b) Se encarga de buscar soluciones a los problemas detectados y trata de eliminar todos los riesgos.
c) Se encarga del estudio a través de la investigación en el ámbito de la higiene laboral.
d) Se encarga de estudiar la relación entre dosis de exposición al agente nocivo y la respuesta que este desencadena en el organismo humano.

3. ¿De qué se dice que "es aquel en el que la producción de calor metabólico está en equilibrio con las pérdidas de calor orgánico (por convección e irradiación), las pérdidas de calor respiratorio y la transpiración insensible"?

a) Ambiente térmico fisiológico.
b) Ambiente térmico neutro.
c) Ambiente térmico físico-químico.
d) Nada de lo anterior es cierto.

4. ¿Cuál es la unidad más empleada en medicina del trabajo respecto al ambiente sonoro, si queremos evaluar la existencia o no de contaminación acústica?

a) Lumen.
b) Son.

c) Decibelio.
d) metro/segundo.

5. ¿Qué radiaciones electromagnéticas de estas consideras ionizante?

a) Radiaciones Y e infrarroja.
b) Radiaciones X y gamma.
c) Radiaciones alfa y beta.
d) Radiaciones alfa e infrarroja.

6. ¿Qué medida universal de estas respecto a los riesgos relacionados con la exposición a agentes biológicos durante el trabajo en ambientes hospitalarios es del tipo inmunización activa?

a) Suero frente a hepatitis B.
b) Vacunación frente a hepatitis B.
c) Quimioprofilaxis antivírica.
d) Todo lo anterior es cierto.

7. La esterilización por calor húmedo bajo presión es mediante:

a) Autoclave.
b) Poupinel.
c) Incineración.
d) Flameado.

8. ¿Qué zona corporal es la más dañada por la manipulación de cargas?

a) Espalda (zona dorsolumbar).
b) Tórax.
c) Espalda (zona cervical).
d) Extremidades inferiores.

9. ¿Qué carga no se recomienda que manejen mujeres, trabajadores jóvenes o aquellos de edad avanzada?

a) Cargas superiores a 5 kg.
b) Cargas superiores a 15 kg.
c) Cargas superiores a 25 kg.
d) Cargas superiores a 35 kg.

10. ¿Cuál es el tamaño máximo recomendable de una carga (alto x ancho x profundo, en cm)?

a) 70 x 50 x 50.
b) 60 x 60 x 60.

c) 60 x 60 x 50.
d) 80 x 60 x 60.

11. ¿Qué distancias indicarán las «coordenadas» de la situación espacial de la carga?

a) Distancias H y T.
b) Distancias T y V.
c) Distancias H y S.
d) Distancias H y V.

12. ¿A qué se denomina la disminución de la capacidad física y mental después de realizar un trabajo?

a) Carga mental.
b) Fatiga.
c) Adinamia.
d) Estrés.

13. La carga mental se denomina también:

a) Esfuerzo intelectual.
b) Esfuerzo mental.
c) Carga psíquica.
d) Carga cognitiva.

14. ¿Cómo se llama también el síndrome de quemado o de agotamiento profesional?

a) Mobbing.
b) Burnout.
c) Eustrés.
d) Distrés.

15. La ciencia de la adaptación del trabajo al hombre es:

a) Laborterapia.
b) Ergonomía.
c) Terapia Ocupacional.
d) Ninguna de las anteriores.

16. ¿Qué ergonomía se encarga del estudio de la relación entre el ser humano y las condiciones métricas de su puesto de trabajo en lo relativo a su comodidad y confort estático, tanto en posiciones de pie como sentado, pie-sentado, etc.?

a) Ergonomía geométrica.
b) Ergonomía geográfica.

c) Ergonomía ambiental.
d) Ergonomía temporal.

17. Los esfuerzos repetitivos de las muñecas pueden ocasionar:

a) Tendinitis.
b) Cefaleas.
c) Lumbalgias.
d) Todo lo anterior.

18. ¿Qué riesgo en particular pueden presentar más frecuentemente las cargas de peso en diferentes situaciones cuando es demasiado pesada o demasiado voluminosa?

a) Riesgo craneocervical.
b) Riesgo cervical.
c) Riesgo dorsocervical.
d) Riesgo dorsolumbar.

19. ¿En qué circunstancias el medio de trabajo no aumenta el riesgo, particularmente dorsolumbar?

a) Cuando el espacio libre, especialmente vertical, resulta insuficiente para el ejercicio de la actividad de que se trate.
b) Cuando el suelo es regular.
c) Cuando la situación o el medio de trabajo no permite al trabajador la manipulación manual de cargas a una altura segura.
d) Cuando la situación o el medio de trabajo no permite al trabajador la manipulación manual de cargas en una postura correcta.

20. ¿Qué equipo (EPI) suele emplearse como de uso general a nivel sanitario?

a) Delantales.
b) Guantes de látex.
c) Gafas de seguridad.
d) Viseras.

En MADTEST tienes **más preguntas de este tema**, y todos tus avances quedan registrados y se reflejan en el ranking.

¡Supera tus límites con MADTEST!

Solución al test n.º 21

1. a) Ley 31/1995, de 8 de noviembre.

2. d) Se encarga de estudiar la relación entre dosis de exposición al agente nocivo y la respuesta que este desencadena en el organismo humano.

3. b) Ambiente térmico neutro.

4. c) Decibelio.

5. b) Radiaciones X y gamma.

6. b) Vacunación frente a hepatitis B.

7. a) Autoclave.

8. a) Espalda (zona dorsolumbar).

9. b) Cargas superiores a 15 kg.

10. c) 60 x 60 x 50.

11. d) Distancias H y V.

12. b) Fatiga.

13. d) Carga cognitiva.

14. b) Burnout.

15. b) Ergonomía.

16. a) Ergonomía geométrica.

17. a) Tendinitis.

18. d) Riesgo dorsolumbar.

19. b) Cuando el suelo es regular.

20. b) Guantes de látex.

Cómo acceder al Curso

Cuerpo de Técnicos Auxiliares, opción Cuidados Auxiliares de Enfermería
Test del temario

El uso de los códigos **es exclusivo de los compradores de los productos de Editorial MAD**. Cada producto posee un código único y de un solo uso. Es personal e intransferible y da acceso a servicios y contenidos adicionales. Editorial MAD se reserva el derecho de hacer cuantas comprobaciones sean necesarias para identificar al legítimo poseedor del código y dejar de dar servicio a quien haga uso fraudulento del mismo, además de emprender cuantas acciones legales estime oportunas según la legislación vigente.

Deberás acceder a:

mad.es/registro-campus

Si una vez aceptadas las condiciones de uso del Campus decides hacer uso del mismo, necesitarás del siguiente código de acceso junto con los códigos del resto de títulos que se exigen (si fuera el caso):

8FIQ5RCUHW